50 DOUDOUS AU CROCHET

50 DOUDOUS
AU CROCHET

SOMMAIRE

ANIMAL VOLANT

ANIMAL MARIN

BONHOMME

FÉLIN

ANIMAUX DIVERS

POINTS AU CROCHET

Hibou original

Crocheter le corps et les ailes en prenant le fil en 4 épaisseurs, avec le crochet de 3,5 mm ; crocheter les autres éléments avec le crochet de 1,5 mm. Crocheter le corps en rond, en suivant le schéma 1. Crocheter les ailes (2 éléments) en suivant le schéma 2. Crocheter les oreilles (2 éléments) en suivant le schéma 3. Crocheter le bonnet en rond, en suivant le schéma 4. Crocheter les yeux (2 éléments) en suivant le schéma 5. Crocheter le bec en suivant les schémas 6 et 7. Crocheter les bottes (2 éléments) en rond, en suivant le schéma 8. Crocheter l'écharpe en suivant le schéma 9. Coudre les éléments du bec sur un côté du corps, coudre les angles. Coudre tous les éléments entre eux, comme indiqué sur le dessin. Avec du fil crème, réaliser un pompon de 1,5 cm de diamètre et le coudre au bonnet (dessin).

- Dimensions : hauteur 32 cm
- Fils : 70 % mohair 30 % acrylique (pelote 100 g, 200 m), 30 g de crème, quelques longueurs de jaune et de bleu, 100 % coton (pelote 50 g, 165 m), 20 g de rouge, 20 g de blanc et 20 g de vert
- Crochets : 1,5 mm et 3,5 mm
- À rajouter : 2 bâtonnets en bois de 13 cm
- Niveau de difficulté : ☆☆☆
- Temps de réalisation : 4 heures

schéma 1

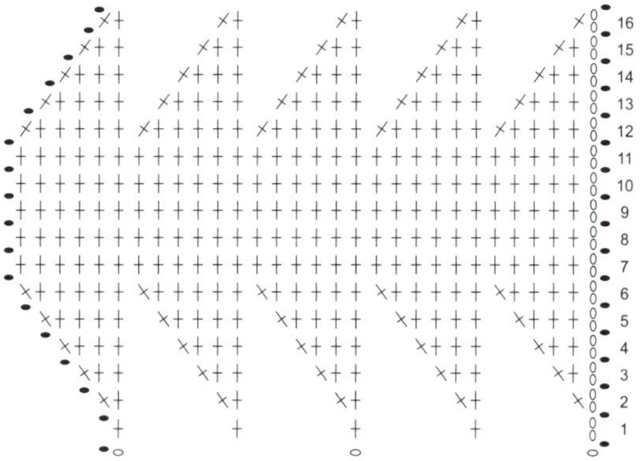

schéma 2

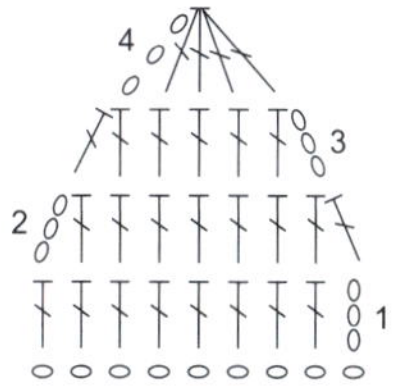

AVERTISSEMENT

N'UTILISEZ JAMAIS DE BOURRE POUR LES DOUDOUS QUE VOUS DESTINEZ AUX ENFANTS, SAUF SOUS LA FORME DE POCHES DE BOURRE FERMÉES, RÉALISÉES PAR DES PROFESSIONNELS ET RESPECTANT LES NORMES EN VIGUEUR SUR LA SÉCURITÉ DES JOUETS.

schéma 3

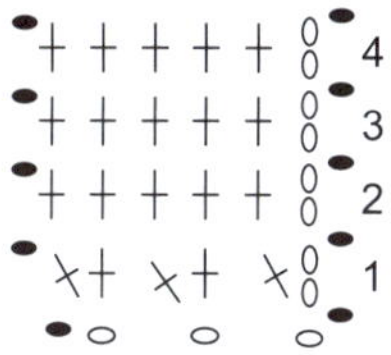

schéma 4

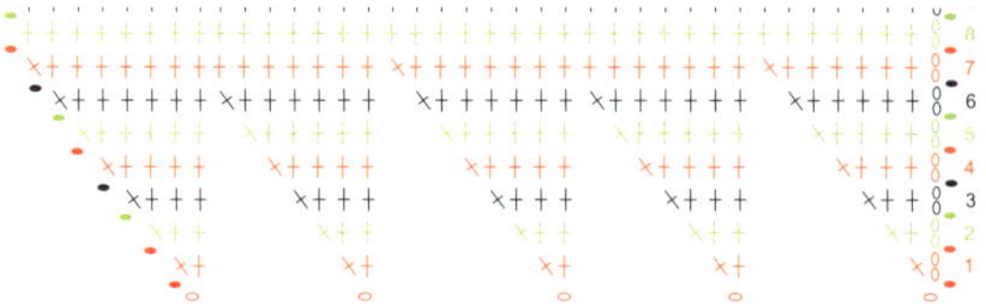

schéma 5

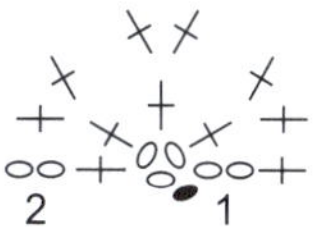

schéma 9

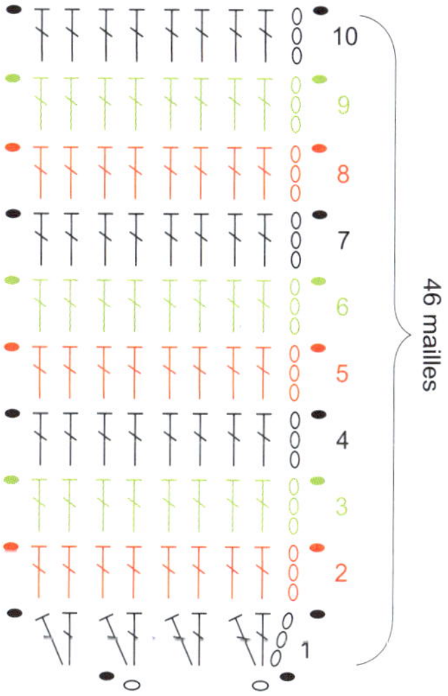

schéma 6

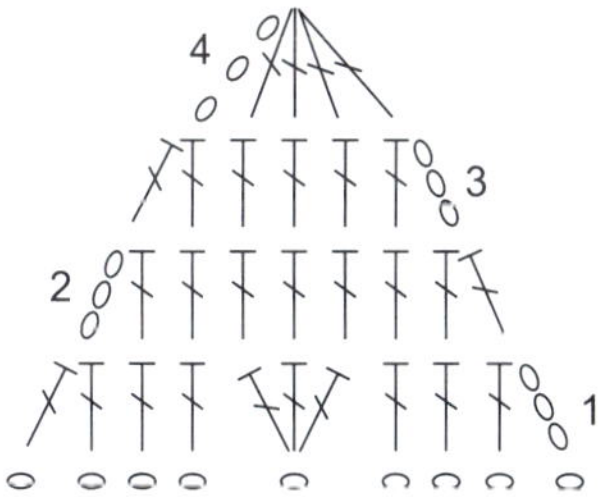

schéma 7

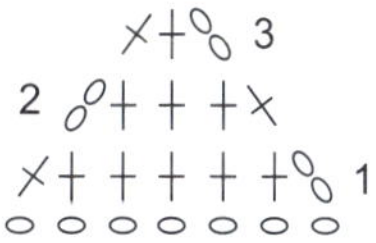

dessin

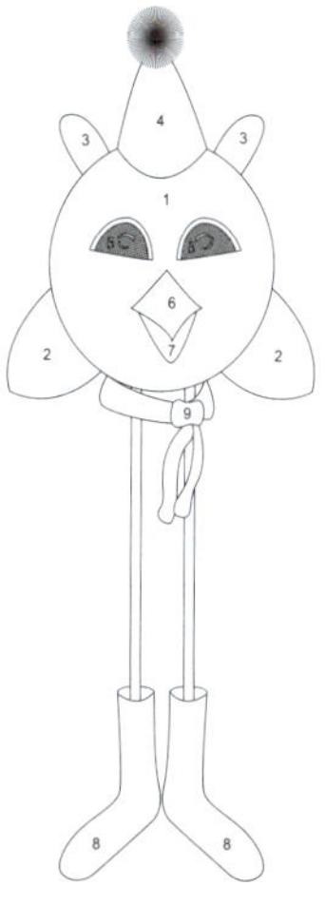

schéma 8

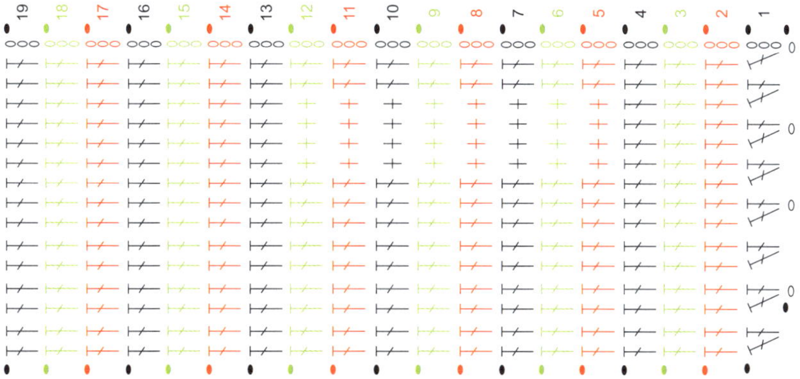

Hibou

- Dimension : hauteur 13 cm, largeur 11,5 cm
- Fil : 100 % coton (pelote 50 g, 165 m), 20 g de marron clair, quelques longueurs de marron, rouge, blanc, vert et doré
- Crochet : 2 mm
- Niveau de difficulté : ☆☆☆
- Temps de réalisation : 3 heures

AVERTISSEMENT

N'UTILISEZ JAMAIS DE BOURRE POUR LES DOUDOUS QUE VOUS DESTINEZ AUX ENFANTS, SAUF SOUS LA FORME DE POCHES DE BOURRE FERMÉES, RÉALISÉES PAR DES PROFESSIONNELS ET RESPECTANT LES NORMES EN VIGUEUR SUR LA SÉCURITÉ DES JOUETS.

Crocheter le corps en rond, en suivant le schéma 1. Crocheter la tête en suivant le schéma 2. Crocheter les yeux (2 éléments) en suivant le schéma 3. Crocheter l'aile en suivant le schéma 4. Crocheter le bec en suivant le schéma 5. Crocheter les pattes (2 éléments) en suivant le schéma 6. Crocheter le chapeau en suivant le schéma 7, réaliser la bordure en crochetant des mailles serrées sur le pourtour. Crocheter le flocon de neige en suivant le schéma 8. Coudre tous les éléments entre eux, comme indiqué sur le dessin. Sur le chapeau et l'aile, réaliser une couture au point de chaînette, comme indiqué sur le dessin (la couture est indiquée en pointillés bleus). Pour la boucle, monter une chaînette de mailles en l'air de 16 cm, la coudre sur le sommet de la tête du hibou.

schéma 1

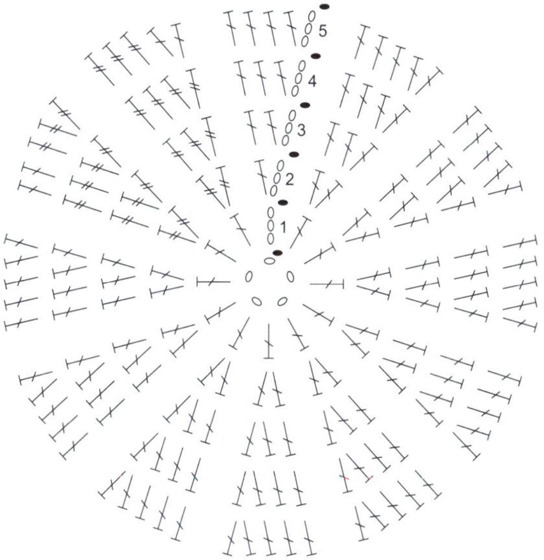

schéma 2

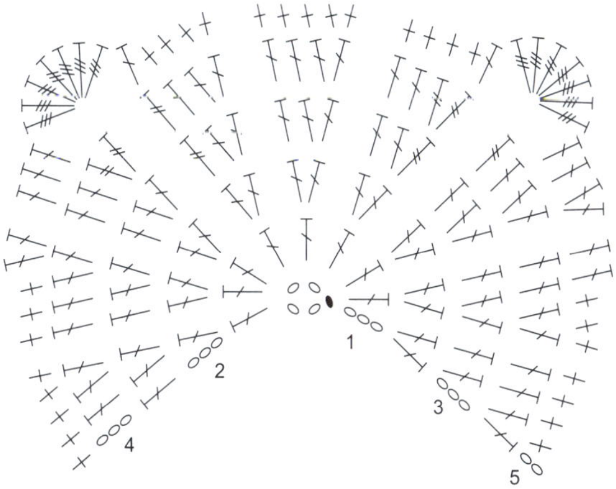

schéma 3

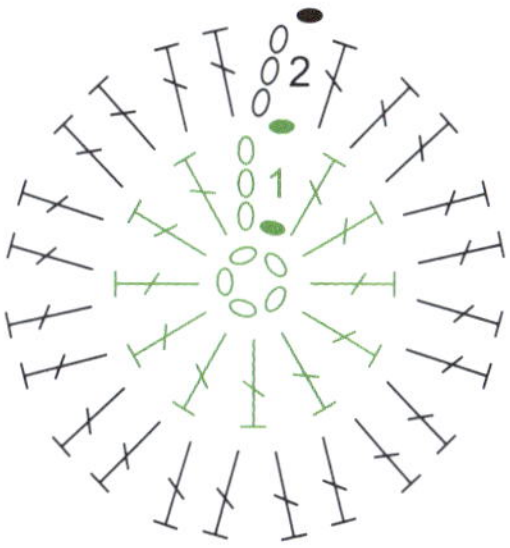

schéma 4

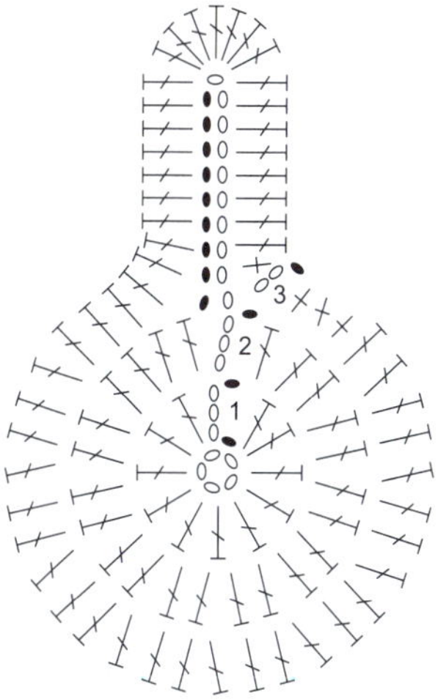

schéma 5

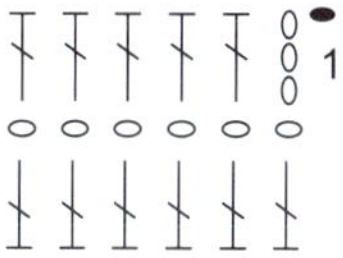

schéma 6

schéma 7

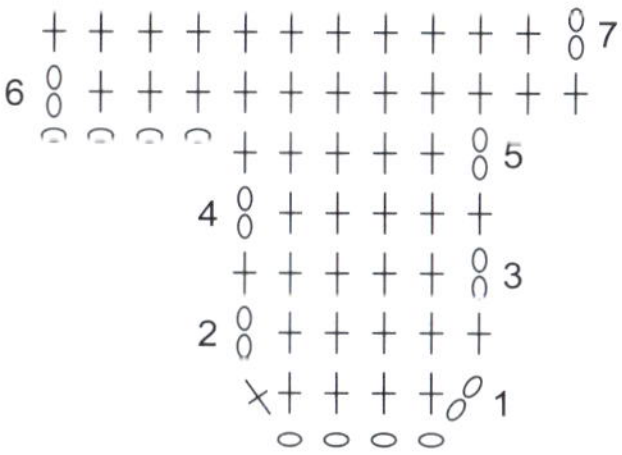

schéma 8

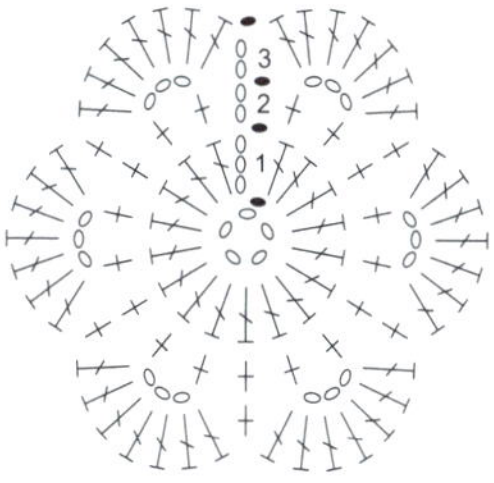

dessin

Oiseau

- Dimension : hauteur 10 cm, largeur 11,5 cm
- Fil : 50 % coton, 50 % acrylique (pelote 50 g, 170 m), 30 g de marron clair, 100 % coton (pelote 50 g, 165 m), 20 g de blanc, quelques longueurs de bleu azur
- Crochet : 2,5 mm
- À rajouter : 2 boutons noirs de 1 cm de diamètre, 2 cœurs en plastique rouge
- Niveau de difficulté : ☆☆
- Temps de réalisation : 2 heures

AVERTISSEMENT

N'UTILISEZ JAMAIS DE BOURRE POUR LES DOUDOUS QUE VOUS DESTINEZ AUX ENFANTS, SAUF SOUS LA FORME DE POCHES DE BOURRE FERMÉES, RÉALISÉES PAR DES PROFESSIONNELS ET RESPECTANT LES NORMES EN VIGUEUR SUR LA SÉCURITÉ DES JOUETS.

Crocheter la partie principale (2 éléments) en suivant le schéma 1. Coudre les éléments de la partie principale entre eux, avec des mailles serrées ; sur la base de la bordure, crocheter le bec en suivant le schéma 2. Pour la boucle, monter une chaînette de mailles en l'air de 18 cm, la coudre au milieu du sommet de la partie principale. Coudre un bouton des deux côtés de la partie principale, dans chaque coin supérieur droit. Coudre les cœurs à gauche, dans le coin inférieur de la partie principale.

schéma 1

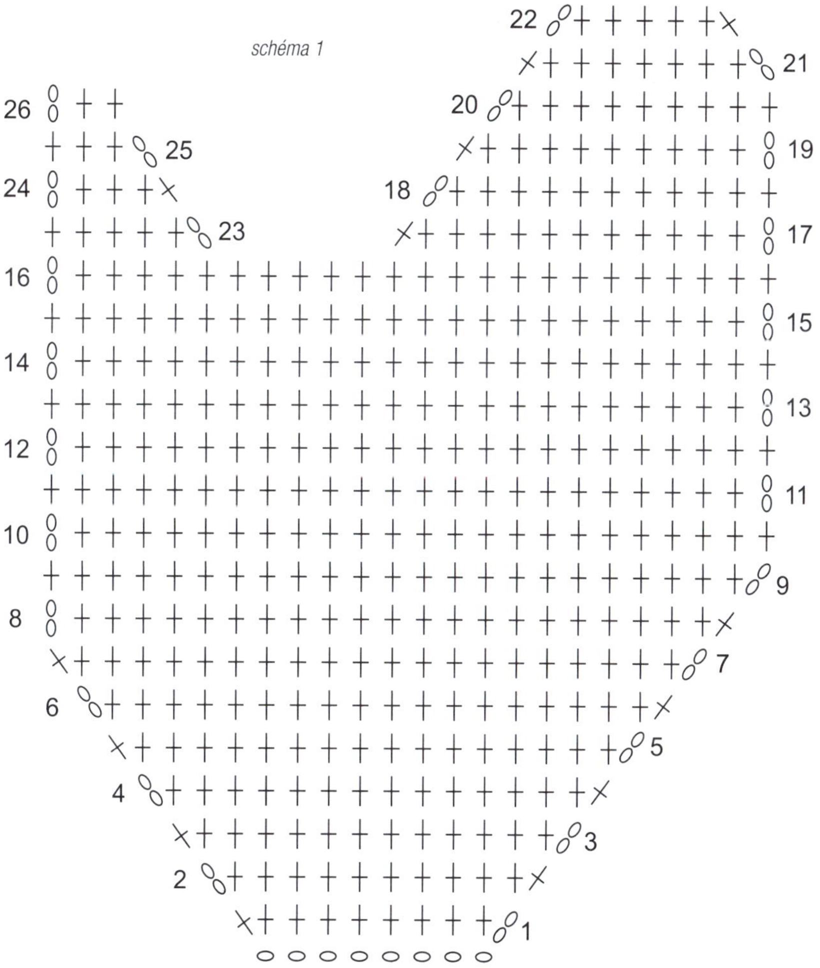

schéma 2

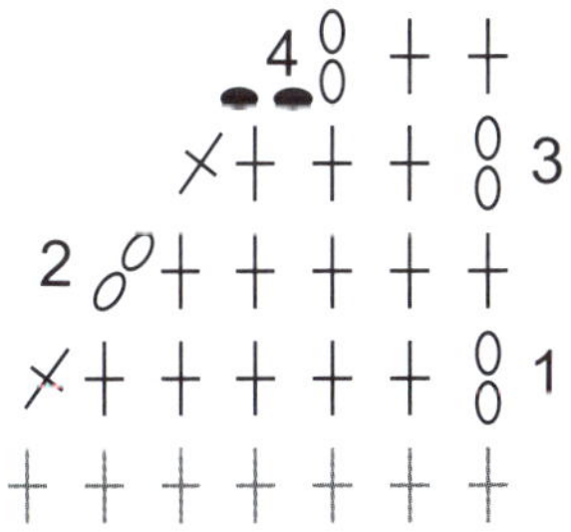

Oiseau

- Dimensions : hauteur 16 cm, largeur 6 cm
- Fils : 50 % coton, 50 % acrylique (pelote 50 g, 170 m), 20 g
  de marron, quelques longueurs de jaune, noir et rouge
- Crochet : 2 mm
- Niveau de difficulté : ☆☆
- Temps de réalisation : 2 heures

AVERTISSEMENT

N'UTILISEZ JAMAIS DE BOURRE POUR LES DOUDOUS QUE VOUS DESTINEZ AUX ENFANTS, SAUF SOUS LA FORME DE POCHES DE BOURRE FERMÉES, RÉALISÉES PAR DES PROFESSIONNELS ET RESPECTANT LES NORMES EN VIGUEUR SUR LA SÉCURITÉ DES JOUETS.

Crocheter le corps en suivant le schéma 1. Crocheter la tête en suivant le schéma 2. Crocheter le bec en suivant le schéma 3. Crocheter la queue en suivant le schéma 4. Crocheter les pattes (2 éléments) en suivant le schéma 5. Coudre tous les éléments entre eux, comme indiqué sur le dessin. Réaliser une bordure de mailles serrées sur le pourtour de l'oiseau. Coudre du fil noir en guise d'œil (dessin).

schéma 1

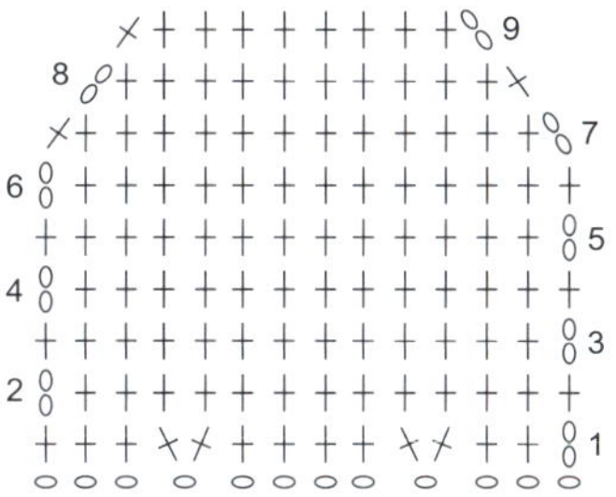

schéma 2

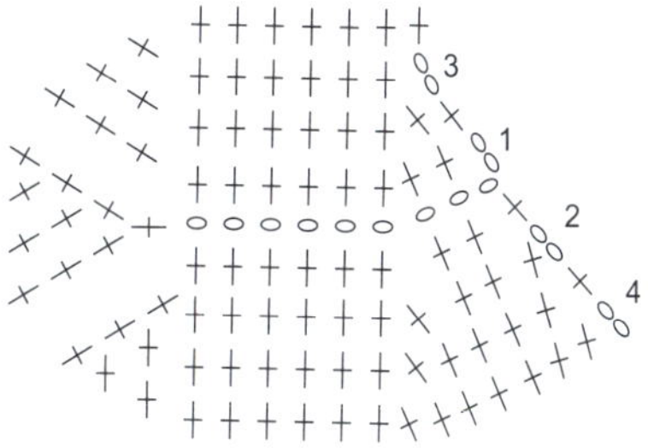

schéma 3

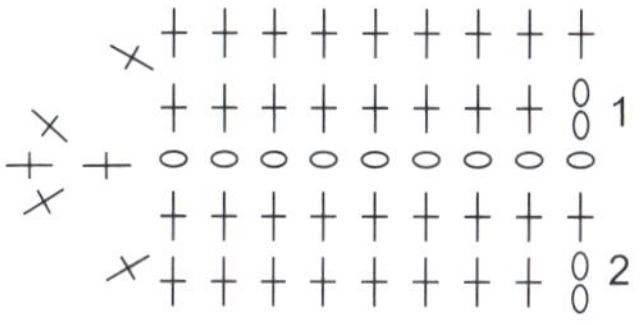

schéma 4

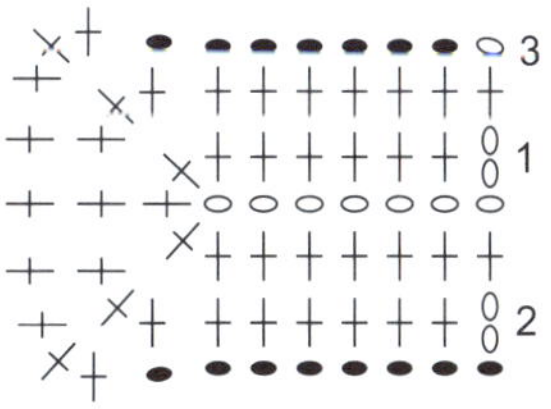

schéma 5

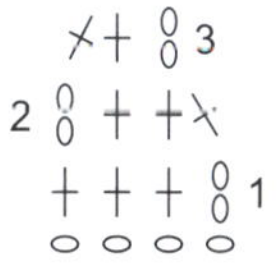

dessin

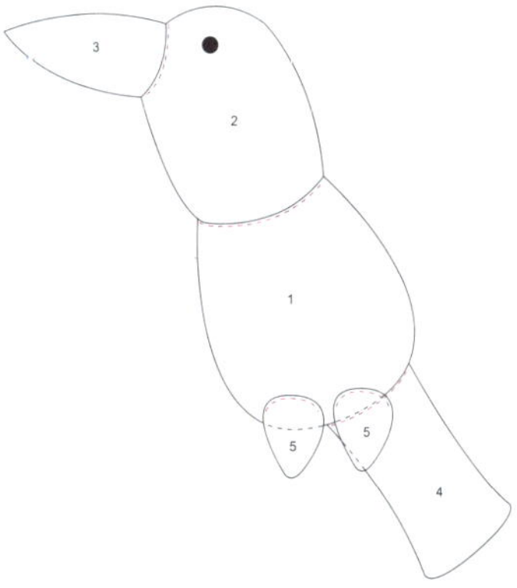

Coccinelle

- Dimensions : longueur 10 cm, largeur 8 cm, hauteur 4 cm
- Fils : 100 % coton (pelote 50 g, 165 m), 20 g de rouge, quelques longueurs de beige, noir, marron et blanc
- Crochet : 2 mm
- Niveau de difficulté : ☆☆☆
- Temps de réalisation : 4 heures

AVERTISSEMENT

N'UTILISEZ JAMAIS DE BOURRE POUR LES DOUDOUS QUE VOUS DESTINEZ AUX ENFANTS, SAUF SOUS LA FORME DE POCHES DE BOURRE FERMÉES, RÉALISÉES PAR DES PROFESSIONNELS ET RESPECTANT LES NORMES EN VIGUEUR SUR LA SÉCURITÉ DES JOUETS.

Crocheter le dos en rond en suivant le schéma 1. Crocheter le ventre en rond en suivant le schéma 2. Crocheter la tête en rond en suivant le schéma 3. Crocheter les yeux (2 éléments) en suivant le schéma 4. Crocheter les antennes (2 éléments) en suivant le schéma 5. Pour les pattes (6 éléments), monter une chaînette de 6 mailles en l'air et crocheter un rang de mailles serrées en sens inverse. Coudre le dos et le ventre avec des mailles serrées sur l'endroit, comme indiqué sur le dessin 1 (la couture figure en pointillé rose). Coudre la tête et les yeux au corps (dessin 1). Coudre les pattes et les antennes, comme indiqué sur le dessin 1. Coudre le ventre au point de chaînette (dessin 1). Coudre les yeux avec du fil noir. Sur le dos, coudre les ailes et les points, avec du fil noir, comme indiqué sur le dessin 2.

schéma 1

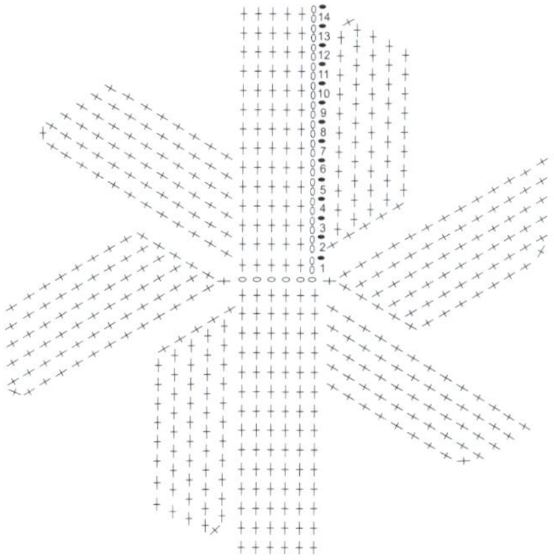

schéma 2

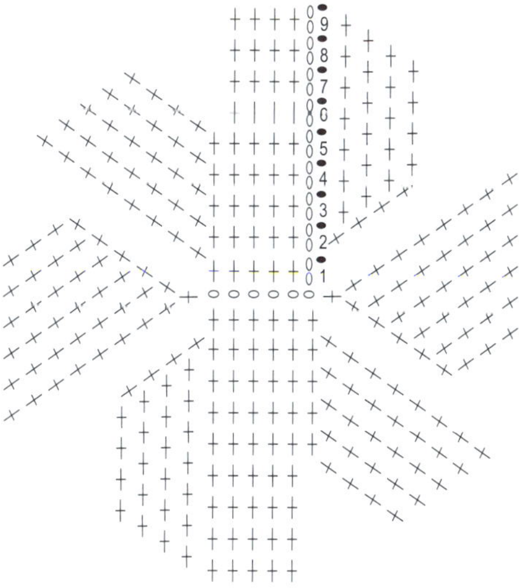

schéma 3

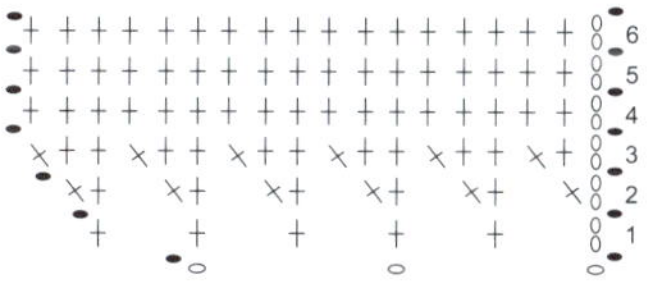

schéma 4

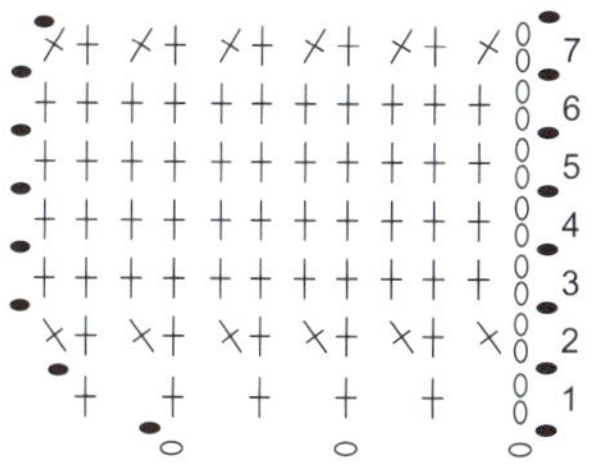

schéma 5

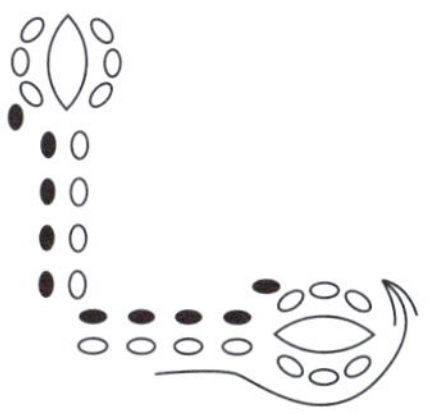

dessin 1

dessin 2

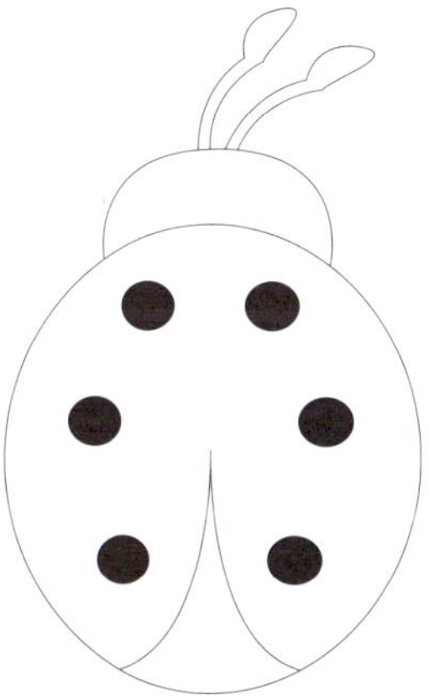

Abeille

- Dimensions : longueur 11 cm, hauteur 6 cm
- Fils : 100 % coton (pelote 50 g, 165 m), 20 g de jaune, quelques longueurs de marron, de blanc et de noir
- Crochet : 2 mm
- Niveau de difficulté : ☆☆☆
- Temps de réalisation : 3 heures

AVERTISSEMENT

N'UTILISEZ JAMAIS DE BOURRE POUR LES DOUDOUS QUE VOUS DESTINEZ AUX ENFANTS, SAUF SOUS LA FORME DE POCHES DE BOURRE FERMÉES, RÉALISÉES PAR DES PROFESSIONNELS ET RESPECTANT LES NORMES EN VIGUEUR SUR LA SÉCURITÉ DES JOUETS.

Crocheter la tête en rond en suivant le schéma 1. Pour former la bouche, réaliser un pli, puis le retourner vers le bas, comme indiqué sur le schéma. Fixer le pli par quelques points, des deux côtés, comme indiqué sur le schéma (la couture est indiquée en pointillé bleu). Crocheter le corps en rond en suivant le schéma 2. Crocheter les yeux (2 éléments) en suivant le schéma 3. Crocheter les ailes en suivant le schéma 4. Crocheter les antennes (2 éléments) en suivant le schéma 5. Pour les pattes (6 éléments), monter une chaînette de 6 mailles en l'air et crocheter un rang de mailles serrées en sens inverse. Coudre les ailes sur le corps, en les enroulant au centre de façon à ce qu'elles aient la forme de pétales. Coudre les yeux sur la tête, appuyer légèrement dessus en les cousant. Coudre les autres éléments entre eux, comme indiqué sur le schéma.

schéma 1

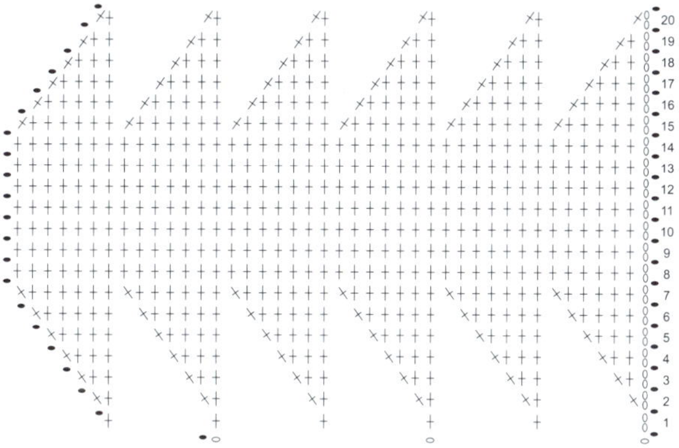

schéma 2

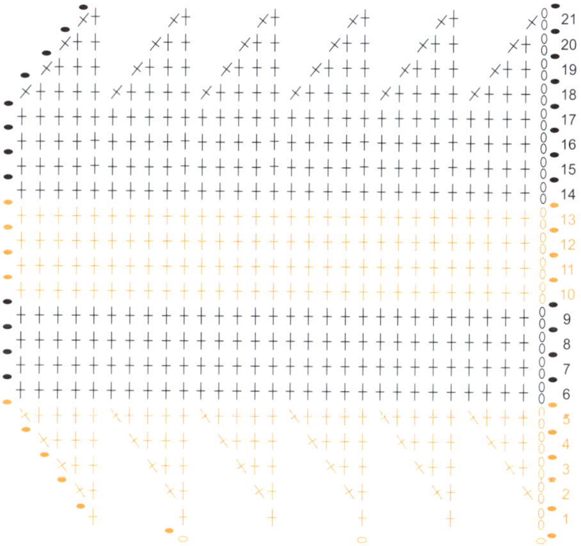

schéma 3

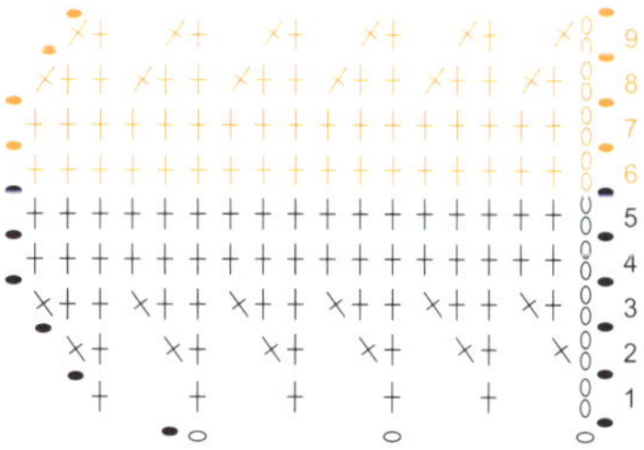

schéma 4

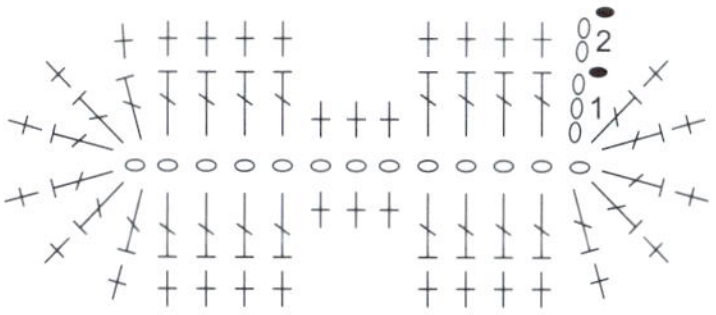

schéma 5

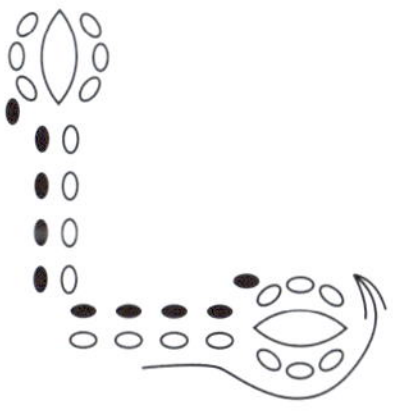

dessin

Élégante oie

- ✂ Dimension : hauteur 15 cm, largeur 7 cm
- ✂ Fil : 100 % coton (pelote 50 g, 165 m), 50 g de bleu azur, quelques longueurs de rose, de marron, de noir et de gris
- ✂ Crochet : 2 mm
- ✂ Niveau de difficulté : ☆☆☆☆
- ✂ Temps de réalisation : 9 heures

AVERTISSEMENT

N'UTILISEZ JAMAIS DE BOURRE POUR LES DOUDOUS QUE VOUS DESTINEZ AUX ENFANTS, SAUF SOUS LA FORME DE POCHES DE BOURRE FERMÉES, RÉALISÉES PAR DES PROFESSIONNELS ET RESPECTANT LES NORMES EN VIGUEUR SUR LA SÉCURITÉ DES JOUETS.

dessin

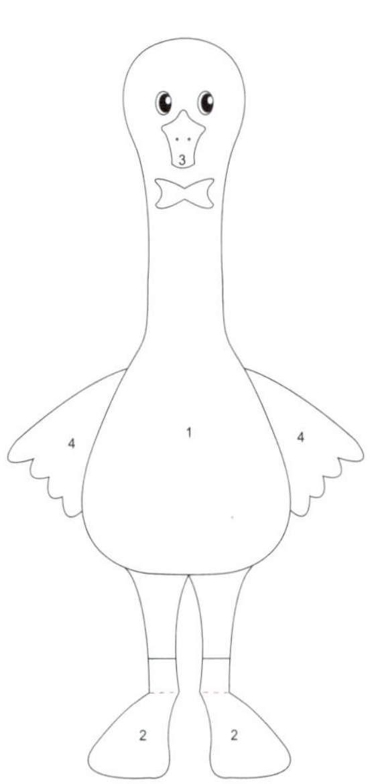

schéma 1

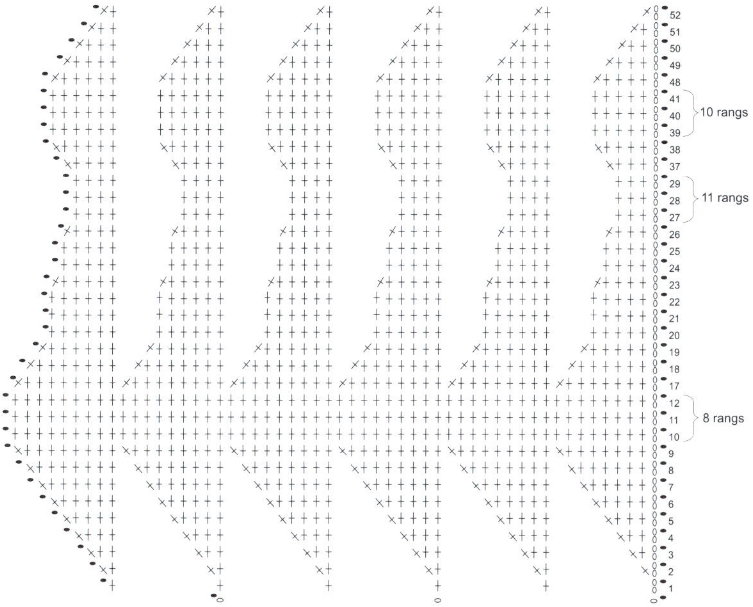

schéma 3

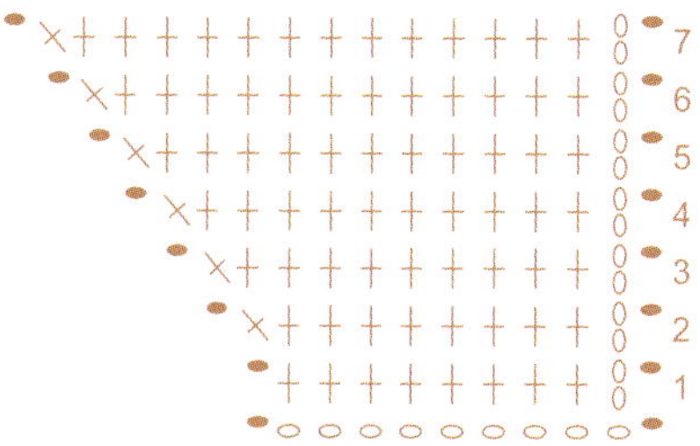

schéma 4

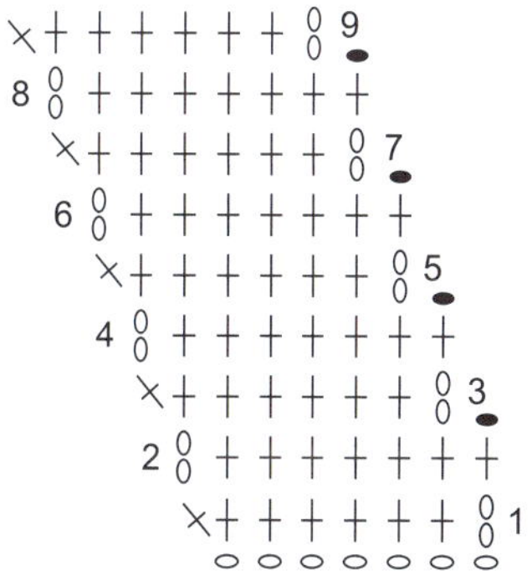

schéma 2

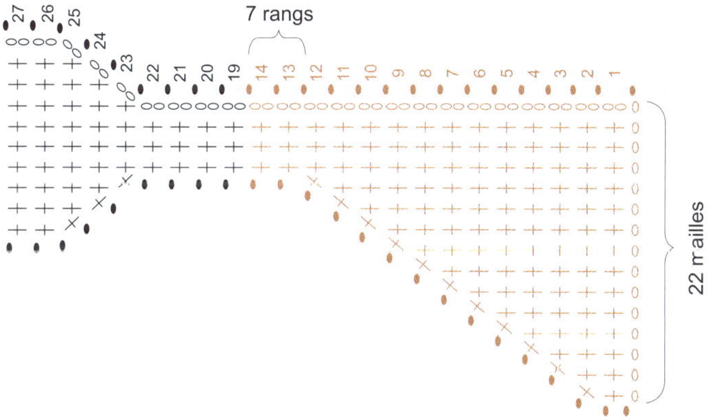

Crocheter le corps en rond, en suivant le schéma 1. Crocheter les pattes (2 éléments) en rond, en suivant le schéma 2, plier le premier rang et refermer sur l'endroit, avec des mailles serrées. Crocheter le bec en rond, en suivant le schéma 3, plier le premier rang et refermer sur l'endroit, avec des mailles serrées. Crocheter les ailes (2 éléments) et la queue (2 éléments) en prenant le fil en double épaisseur, en suivant le schéma 4. Pour le nœud papillon, monter 8 mailles en l'air et crocheter trois rangs de mailles serrées dans le sens contraire. Serrer les fils au milieu. Coudre les pattes, le bec, les ailes, la queue et le nœud papillon sur le corps du jouet, comme indiqué sur le dessin. Avec du fil noir et gris, coudre les yeux (dessin). À l'endroit du pli sur les pattes, réaliser une couture, comme indiqué sur le dessin (la couture figure en pointillés rouges).

Doudou pingouin

- Dimensions : hauteur 11 cm, diamètre 7 cm
- Fil : 100 % coton (pelote 50 g, 165 m), 30 g de gris, quelques longueurs de blanc, rose et noir
- Crochet : 2 mm
- Niveau de difficulté : ☆☆☆
- Temps de réalisation : 5 heures

AVERTISSEMENT

N'UTILISEZ JAMAIS DE BOURRE POUR LES DOUDOUS QUE VOUS DESTINEZ AUX ENFANTS, SAUF SOUS LA FORME DE POCHES DE BOURRE FERMÉES, RÉALISÉES PAR DES PROFESSIONNELS ET RESPECTANT LES NORMES EN VIGUEUR SUR LA SÉCURITÉ DES JOUETS.

schéma 1

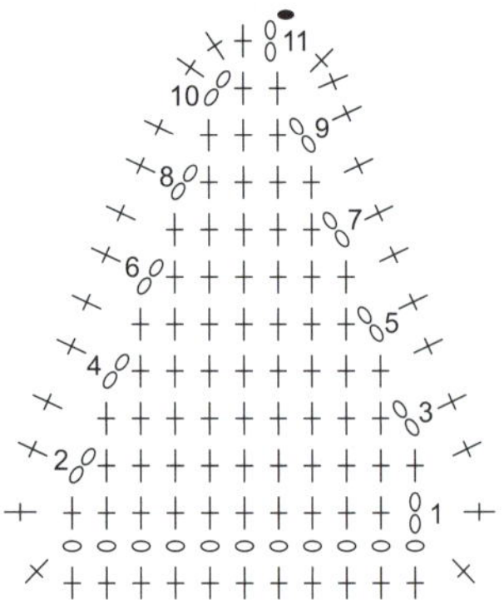

schéma 2

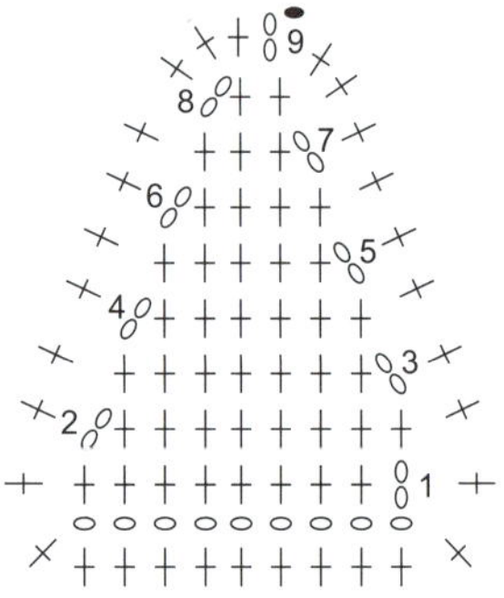

dessin

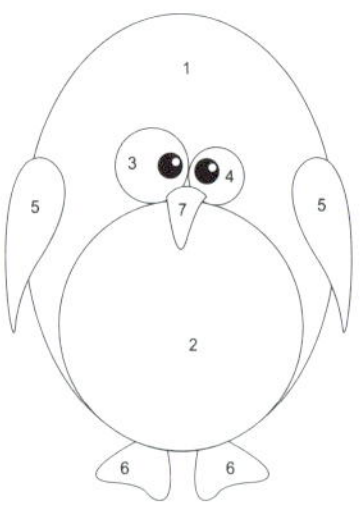

schéma 1

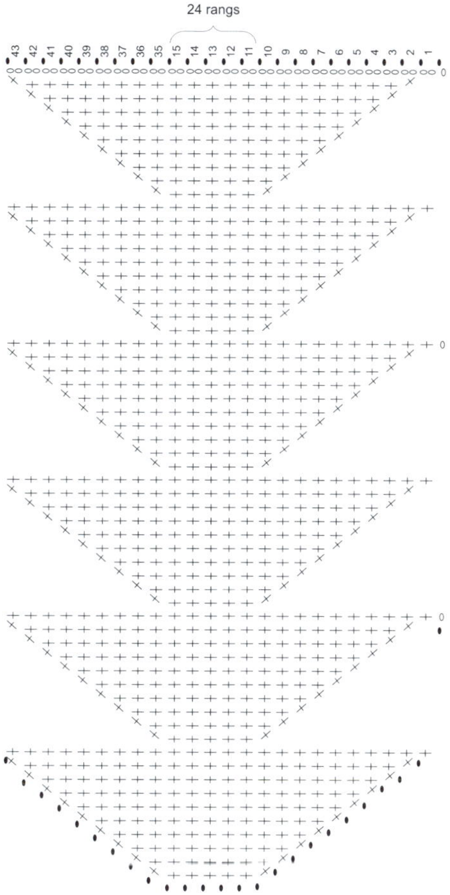

schéma 2

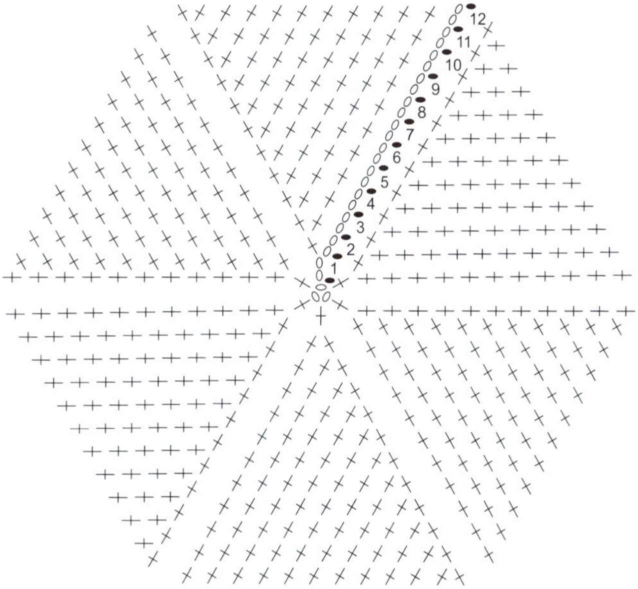

schéma 5

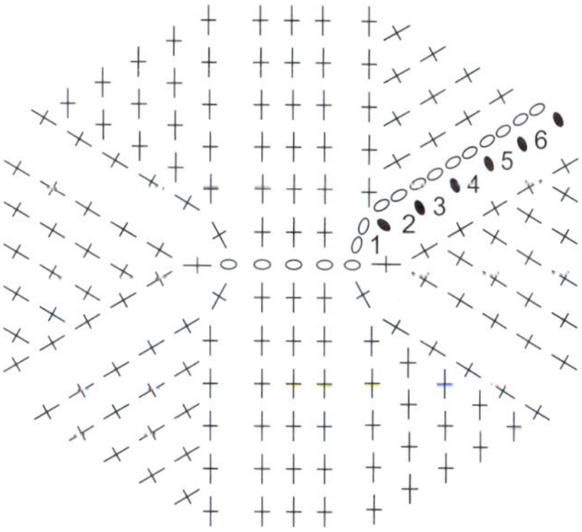

schéma 3

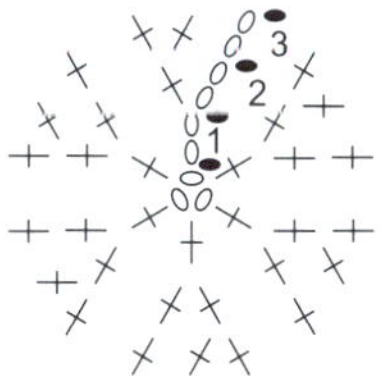

schéma 4

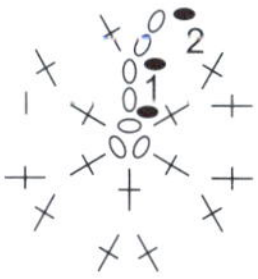

Crocheter le corps en rond, en suivant le schéma 1. Crocheter le ventre en suivant le schéma 2. Crocheter le gros œil en suivant le schéma 3. Crocheter le petit œil en suivant le schéma 4. Crocheter les ailes (2 éléments) en suivant le schéma 5. Crocheter les pattes (2 éléments) en suivant le schéma 6. Crocheter le bec en suivant le schéma 7. Coudre les éléments 2 à 7 sur le corps, comme indiqué sur le dessin. Avec quelques points de fils blanc et noir, dessiner les pupilles (dessin).

Pingouin gris

- Dimension : hauteur 16 cm
- Fil : 100 % coton (pelote 50 g, 165 m), 50 g de gris, 20 g de blanc, 20 g de rouge, quelques longueurs de noir et de bleu azur
- Crochet : 2 mm
- Niveau de difficulté : ☆☆☆
- Temps de réalisation : 7 heures

AVERTISSEMENT

N'UTILISEZ JAMAIS DE BOURRE POUR LES DOUDOUS QUE VOUS DESTINEZ AUX ENFANTS, SAUF SOUS LA FORME DE POCHES DE BOURRE FERMÉES, RÉALISÉES PAR DES PROFESSIONNELS ET RESPECTANT LES NORMES EN VIGUEUR SUR LA SÉCURITÉ DES JOUETS.

schéma 1

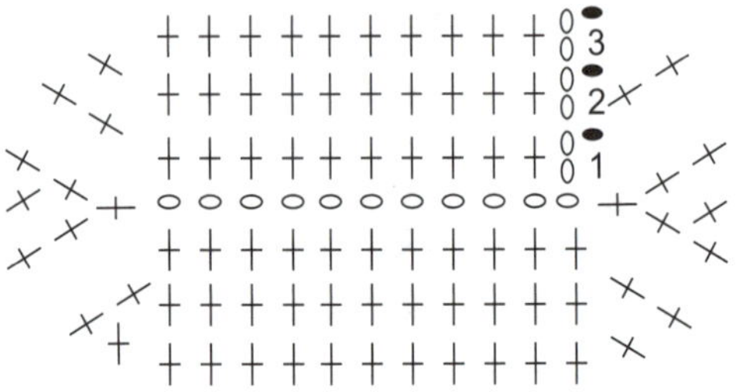

schéma 6

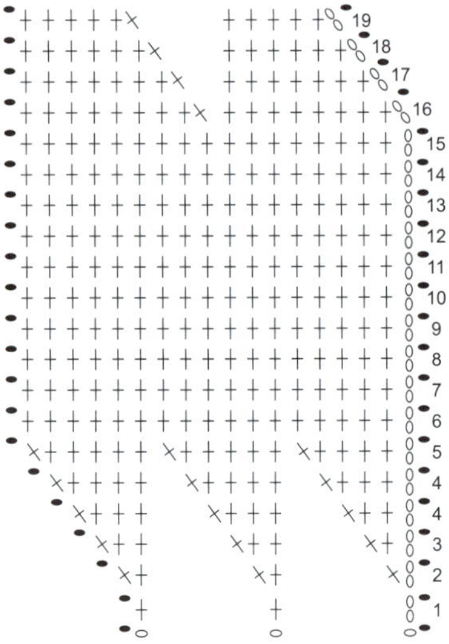

dessin

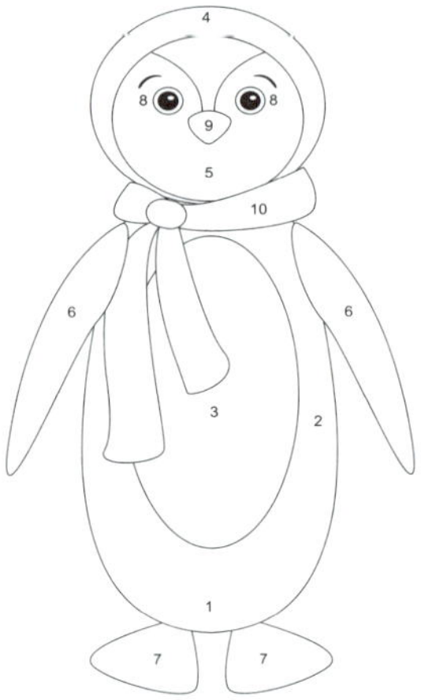

schéma 2

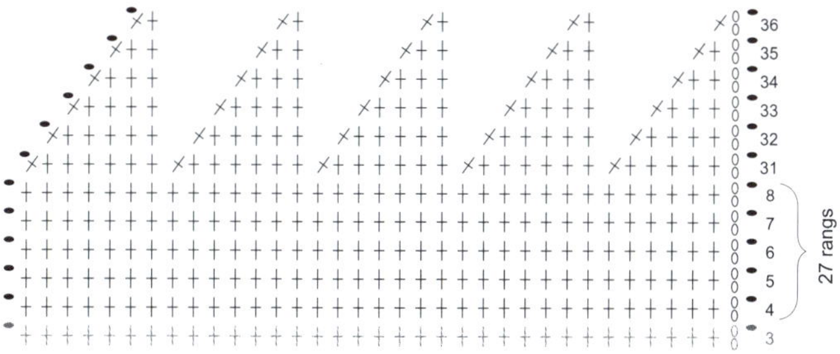

schéma 3

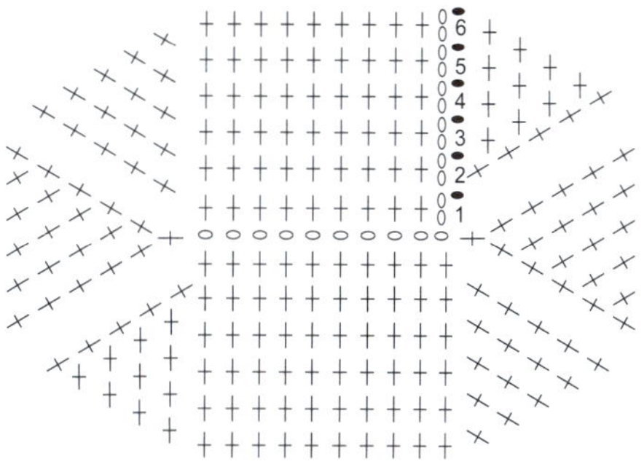

schéma 4

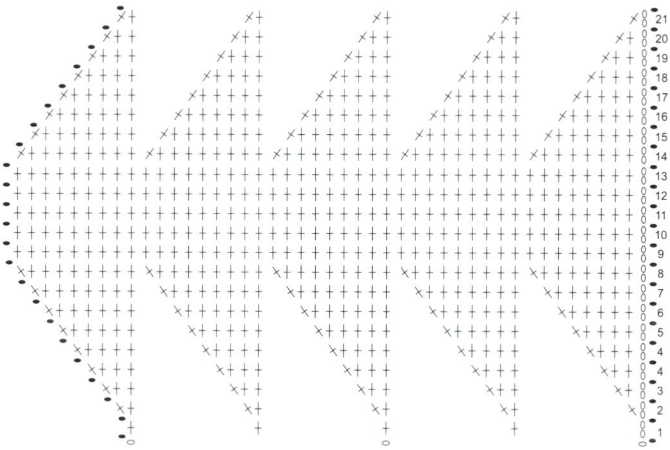

schéma 5

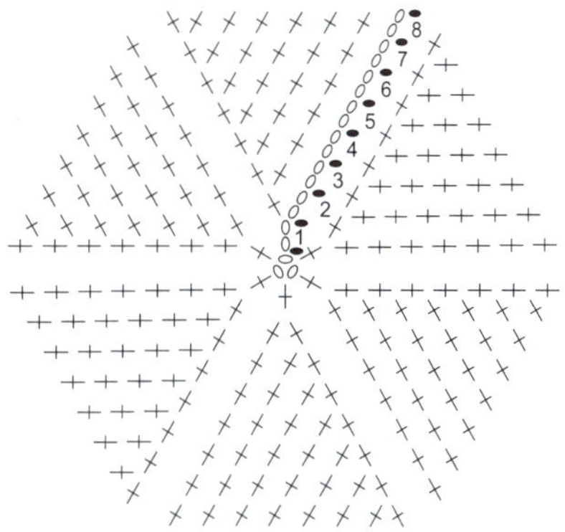

schéma 7

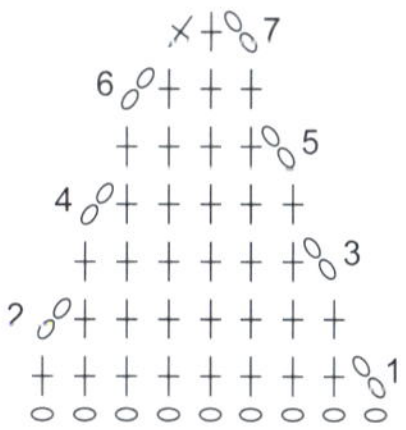

schéma 8

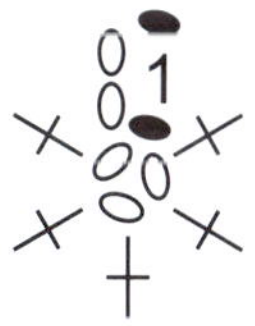

schéma 9

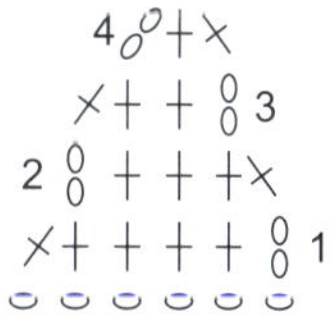

schéma 10

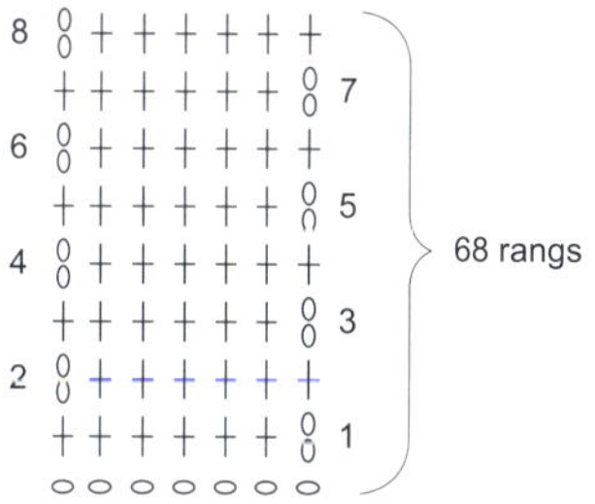

Commencer en crochetant le corps en rond, en suivant le schéma 1, puis continuer en crochetant en rond, en suivant le schéma 2. Crocheter le ventre en rond, en suivant le schéma 3. Crocheter la tête en rond, en suivant le schéma 4. Crocheter le museau en rond, en suivant le schéma 5. Crocheter les ailes en rond (2 éléments), en suivant le schéma 6. Crocheter les pattes (2 éléments), en suivant le schéma 7. Réaliser une bordure sur le pourtour de chaque élément, avec des mailles serrées. Crocheter les yeux (2 éléments), en suivant le schéma 8. Crocheter le bec en rond, en prenant le fil en double épaisseur, en suivant le schéma 9. Crocheter l'écharpe en prenant le fil en double épaisseur, en suivant le schéma 10. Sur le museau, coudre les yeux et le bec. Avec quelques points de fil noir, dessiner les yeux et les sourcils. Avec quelques points de fil gris, dessiner le front, comme indiqué sur le dessin. Coudre le museau sur la tête du pingouin (dessin). Coudre les éléments 3, 6 et 7 sur le corps, comme indiqué sur le dessin. Coudre la tête sur le corps (dessin). Nouer l'écharpe autour du cou, comme indiqué sur le dessin.

Pingouin de Noël

- Dimensions : hauteur 10 cm
- Fils : 100 % coton (pelote 50 g, 165 m), 30 g de fil noir, restants de fil rouge, de fil blanc et de fil jaune
- Crochet : 2,5 mm
- Niveau de difficulté : ☆☆☆
- Temps de réalisation : 5 heures

AVERTISSEMENT

N'UTILISEZ JAMAIS DE BOURRE POUR LES DOUDOUS QUE VOUS DESTINEZ AUX ENFANTS, SAUF SOUS LA FORME DE POCHES DE BOURRE FERMÉES, RÉALISÉES PAR DES PROFESSIONNELS ET RESPECTANT LES NORMES EN VIGUEUR SUR LA SÉCURITÉ DES JOUETS.

schéma 1

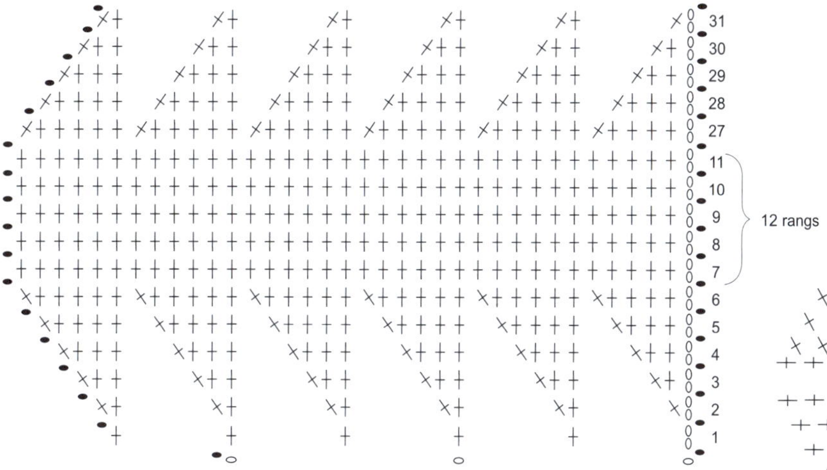

schéma 4

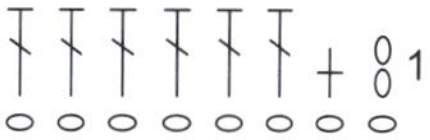

schéma 2

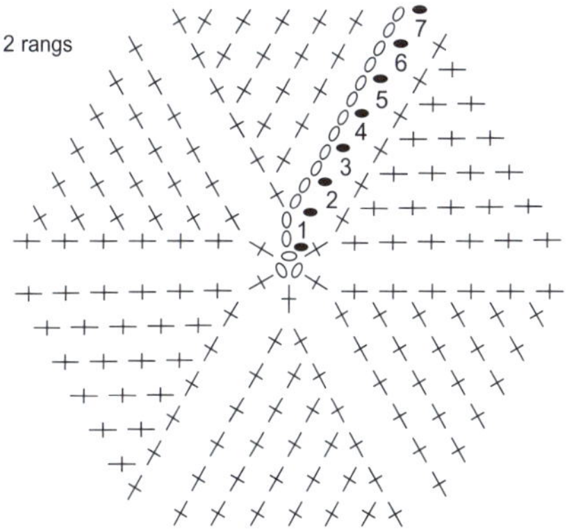

schéma 3

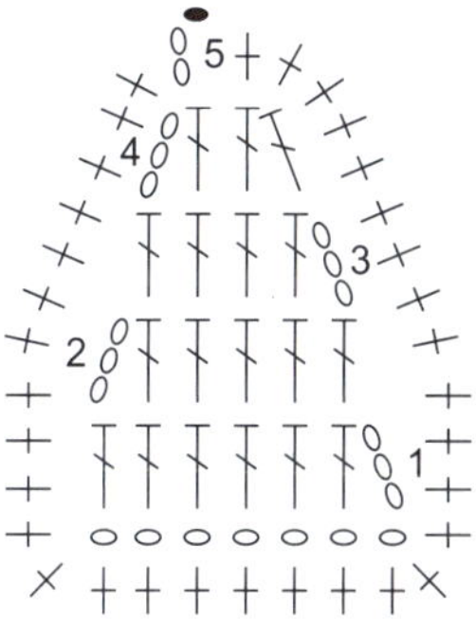

schéma 5

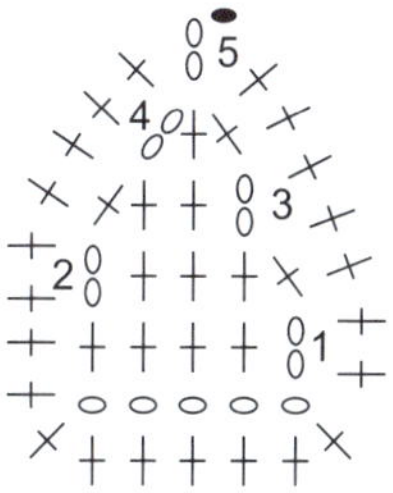

schéma 6

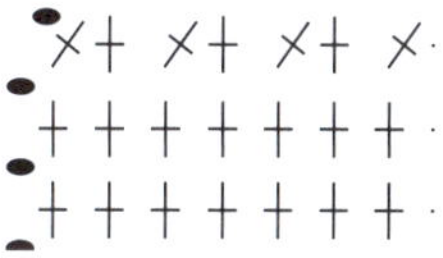

dessin

schéma 7

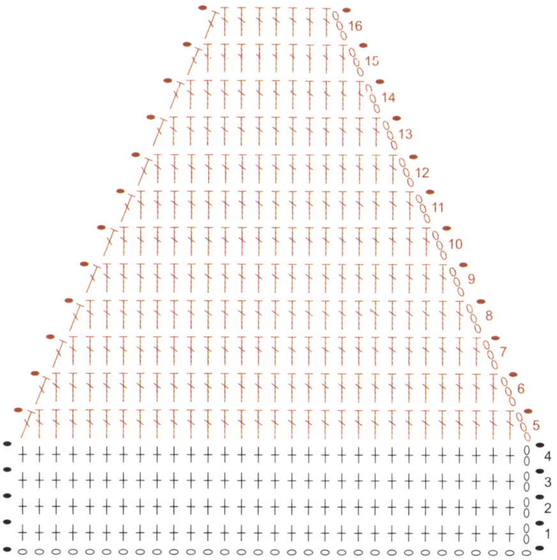

Crocheter le corps en rond, suivant le schéma 1. Crocheter le ventre en rond, suivant le schéma 2. Crocheter les pattes du bas (2 éléments), suivant le schéma 3. Crocheter les pattes du haut (2 éléments), suivant le schéma 4. Crocheter le bec, suivant le schéma 5. Crocheter les yeux (2 éléments), suivant le schéma 6. Crocheter le bonnet en rond, suivant le schéma 7. Coudre tous les éléments ensemble, comme indiqué sur le dessin. Avec du fil blanc et du fil noir, broder les yeux (cf. dessin).

Chouette marionnette

- Dimensions : hauteur 12 cm, diamètre 21 cm
- Fil : 55 % coton 45 % acrylique (pelote 50 g, 81 m), 20 g de blanc, 60 % coton 40 % acrylique (pelote 50 g, 68 m), 20 g de mauve clair, 20 g de gris clair, 20 g de gris foncé, quelques longueurs de noir
- Crochet : 3 mm
- Niveau de difficulté : ☆☆☆☆
- Temps de réalisation : 5 heures

schéma 1

Crocheter la partie principale de la chouette en rond, en suivant le schéma 1. Crocheter les oreilles (2 éléments) en suivant le schéma 2. Crocheter les ailes (2 éléments) en suivant le schéma 3. Crocheter les yeux (2 éléments) en suivant le schéma 4. Crocheter le nez en suivant le schéma 5. Coudre le sommet de la partie principale. Coudre les oreilles, les ailes, les yeux et le nez sur la partie principale, comme indiqué sur le dessin. Dessiner les sourcils et les yeux, par quelques points de fil noir. Border les yeux avec du fil mauve (dessin). Réaliser deux touffes avec le fil gris restant et les attacher par un nœud, ébouriffer et coudre aux extrémités des oreilles.

AVERTISSEMENT

N'UTILISEZ JAMAIS DE BOURRE POUR LES DOUDOUS QUE VOUS DESTINEZ AUX ENFANTS, SAUF SOUS LA FORME DE POCHES DE BOURRE FERMÉES, RÉALISÉES PAR DES PROFESSIONNELS ET RESPECTANT LES NORMES EN VIGUEUR SUR LA SÉCURITÉ DES JOUETS.

schéma 2

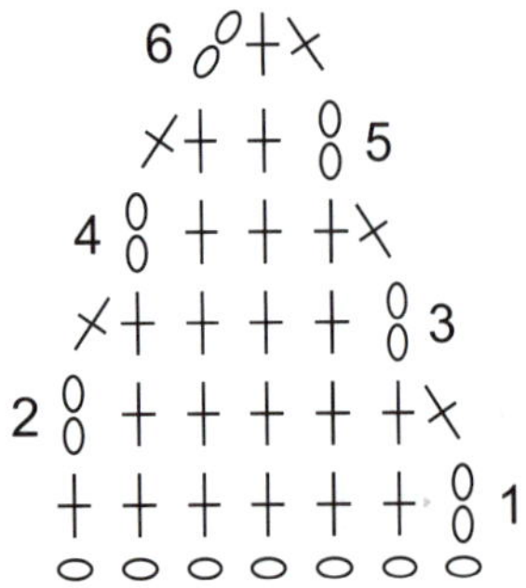

schéma 3

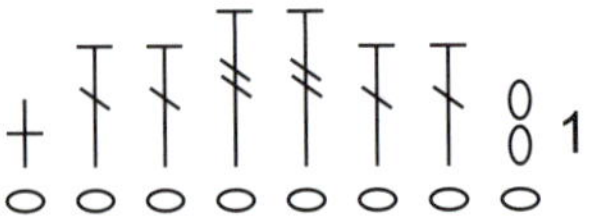

schéma 4

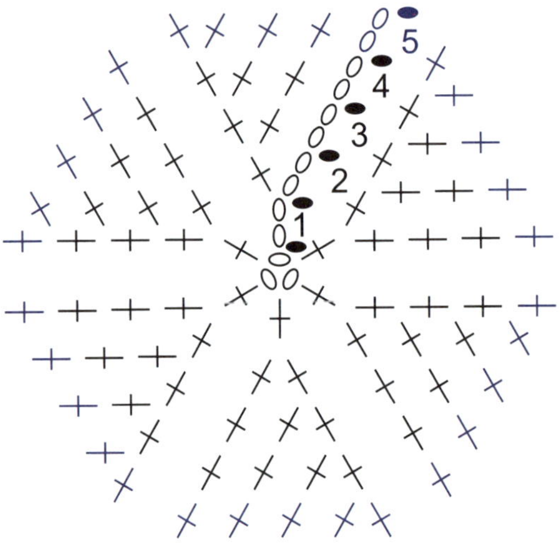

dessin

schéma 5

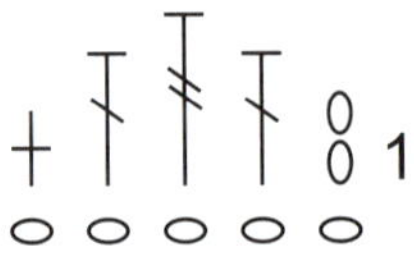

Poisson

- Dimensions : hauteur 24 cm, largeur 16 cm
- Fils : 100 % coton (pelote 50 g, 165 m), 20 g de gris, quelques longueurs de noir, 100 % lin (pelote 100 g, 300 m), 20 g de lin brut
- Crochet : 2,5 mm
- Niveau de difficulté : ☆☆
- Temps de réalisation : 2 heures

AVERTISSEMENT

N'UTILISEZ JAMAIS DE BOURRE POUR LES DOUDOUS QUE VOUS DESTINEZ AUX ENFANTS, SAUF SOUS LA FORME DE POCHES DE BOURRE FERMÉES, RÉALISÉES PAR DES PROFESSIONNELS ET RESPECTANT LES NORMES EN VIGUEUR SUR LA SÉCURITÉ DES JOUETS.

Crocheter le poisson en suivant le schéma. Avec quelques points de fil noir, dessiner les yeux.

schéma

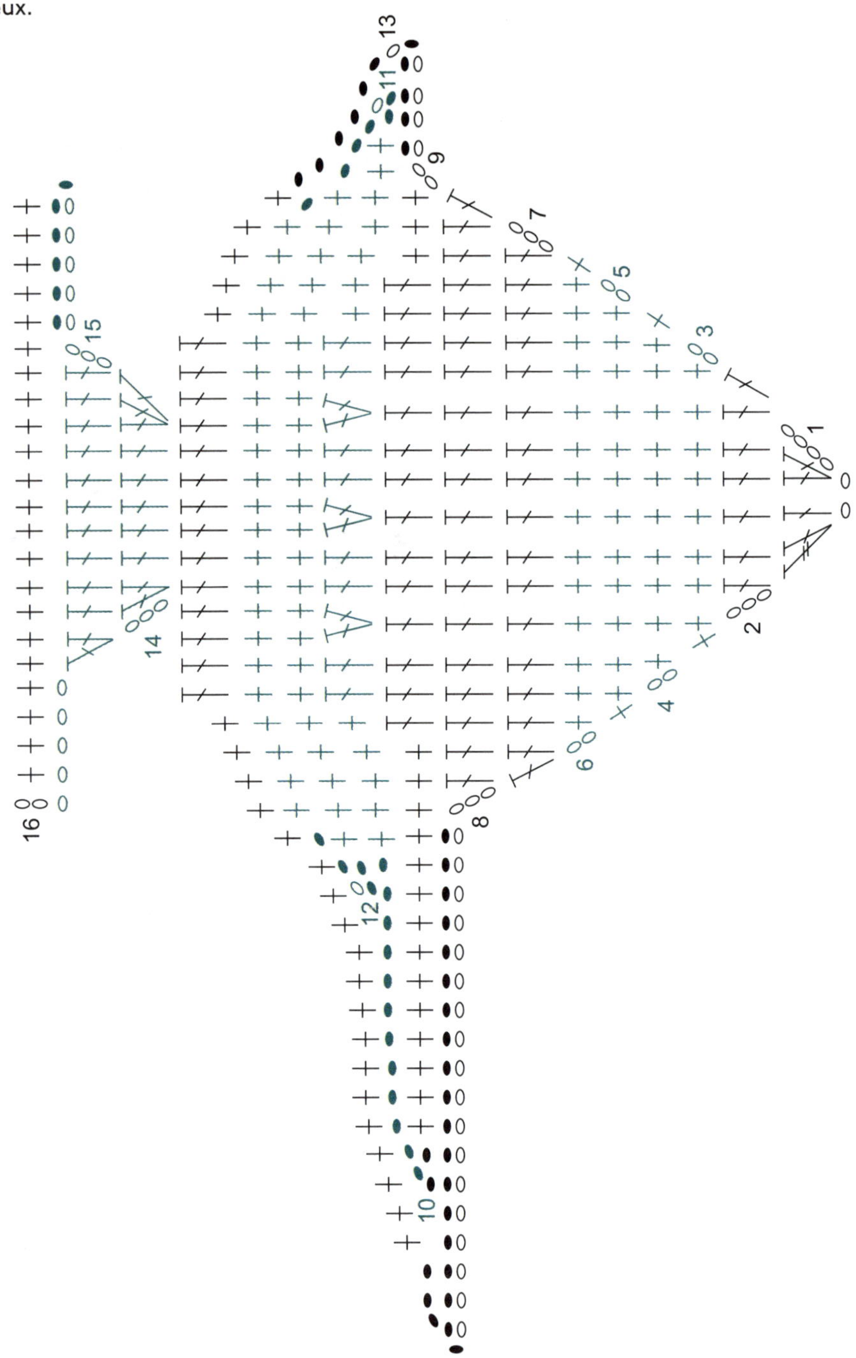

Poisson amoureux

- Dimension : largeur 5 cm, longueur 11,5 cm
- Fil : 100 % coton (pelote 50 g, 165 m), 20 g de marron, quelques longueurs de marron clair, de doré et de noir, 49 % mohair, 51 % acrylique (pelote 100 g, 260 m), quelques longueurs de rouge
- Crochet : 2 mm
- À rajouter : une baguette en bois de 22 cm
- Niveau de difficulté : ✩✩
- Temps de réalisation : 3 heures

AVERTISSEMENT

N'UTILISEZ JAMAIS DE BOURRE POUR LES DOUDOUS QUE VOUS DESTINEZ AUX ENFANTS, SAUF SOUS LA FORME DE POCHES DE BOURRE FERMÉES, RÉALISÉES PAR DES PROFESSIONNELS ET RESPECTANT LES NORMES EN VIGUEUR SUR LA SÉCURITÉ DES JOUETS.

Crocheter la partie principale en suivant le schéma 1. Crocheter la nageoire (2 éléments) en suivant le schéma 2. Crocheter le cœur (2 éléments) en suivant le schéma 3 ; avec du fil doré, coudre les éléments entre eux, en suivant leur pourtour, avec des mailles serrées. Crocheter le chapeau en suivant le schéma 4. Coudre les éléments entre eux, comme indiqué sur le dessin. Avec quelques points de fil noir, dessiner les yeux (dessin). Glisser la baguette entre les nageoires du poisson.

schéma 1

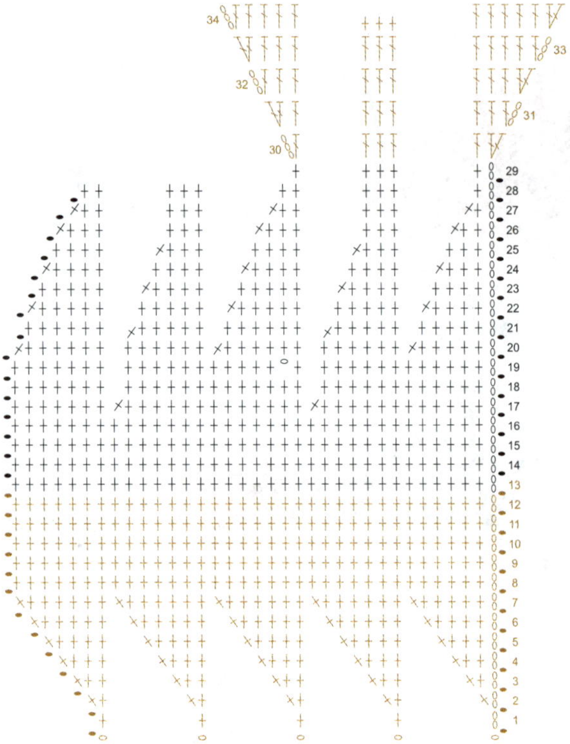

schéma 2

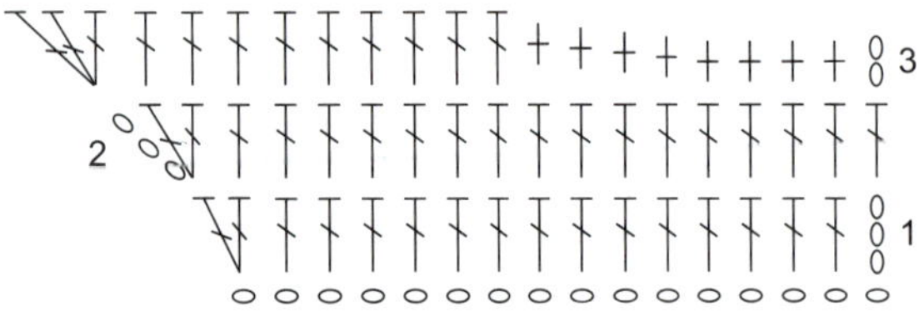

dessin

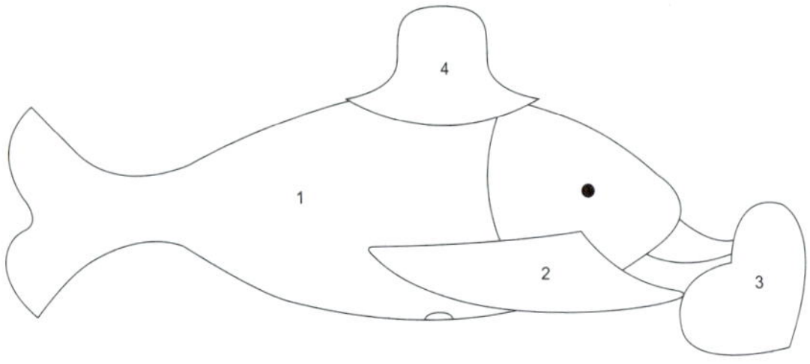

schéma 3

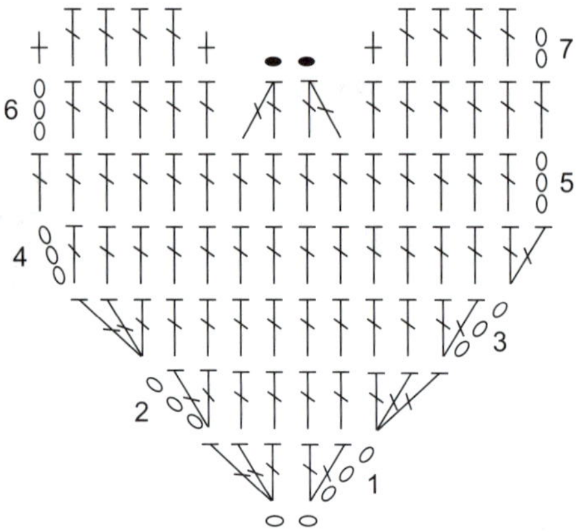

schéma 4

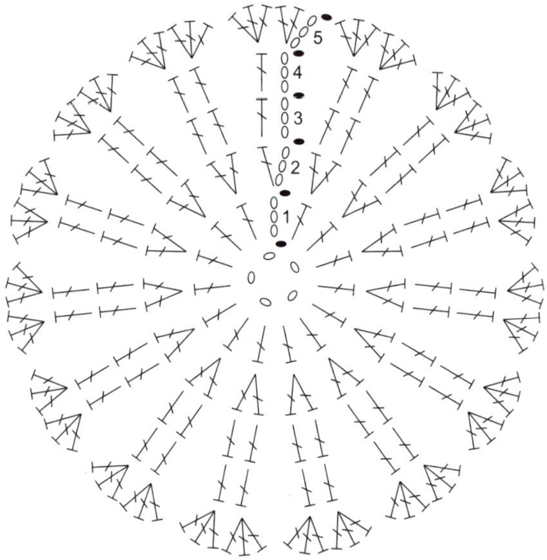

Tortue

- Dimensions : longueur 14 cm, largeur 11 cm
- Fils : 100 % coton (pelote 50 g, 165 m), 20 g de vert anis, quelques longueurs de vert et de vert olive
- Crochet : 2 mm
- À rajouter : un aimant rond de 4 cm de diamètre
- Niveau de difficulté : ✩✩✩
- Temps de réalisation : 4 heures

AVERTISSEMENT

N'UTILISEZ JAMAIS DE BOURRE POUR LES DOUDOUS QUE VOUS DESTINEZ AUX ENFANTS, SAUF SOUS LA FORME DE POCHES DE BOURRE FERMÉES, RÉALISÉES PAR DES PROFESSIONNELS ET RESPECTANT LES NORMES EN VIGUEUR SUR LA SÉCURITÉ DES JOUETS.

Crocheter le ventre en rond, en suivant le schéma 1. Crocheter 6 motifs pour la carapace, en suivant le schéma 2, les coudre entre eux, comme indiqué sur le dessin, avec des mailles serrées sur l'endroit ; réaliser une bordure de mailles serrées sur le pourtour de la carapace ainsi terminée. Crocheter la tête en rond, en suivant le schéma 3. Crocheter le chapeau en rond, en suivant le schéma 4. Crocheter les pattes (4 éléments) en suivant le schéma 5, les coudre 2 par 2. Crocheter les pattes arrière (4 éléments) en suivant le schéma 6, les coudre 2 par 2. Coudre le ventre et la carapace, comme indiqué sur le dessin (la couture est indiquée en pointillé rose). Au préalable, glisser l'aimant entre eux. Coudre tous les éléments ensemble, comme indiqué sur le dessin.

schéma 1

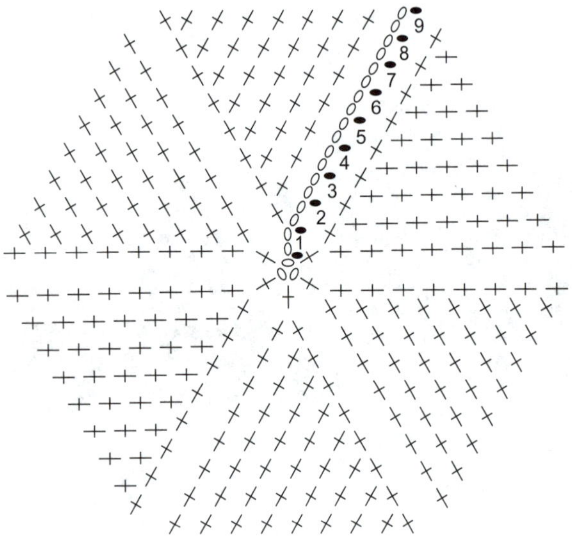

schéma 2

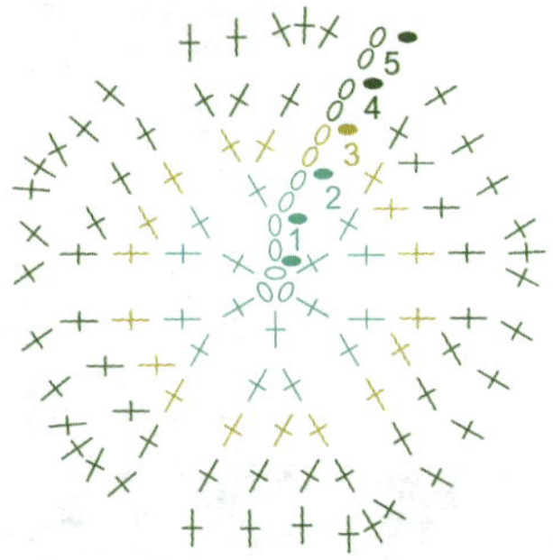

schéma 5

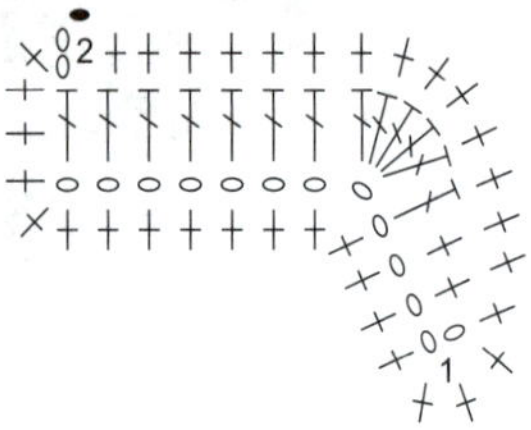

schéma 3

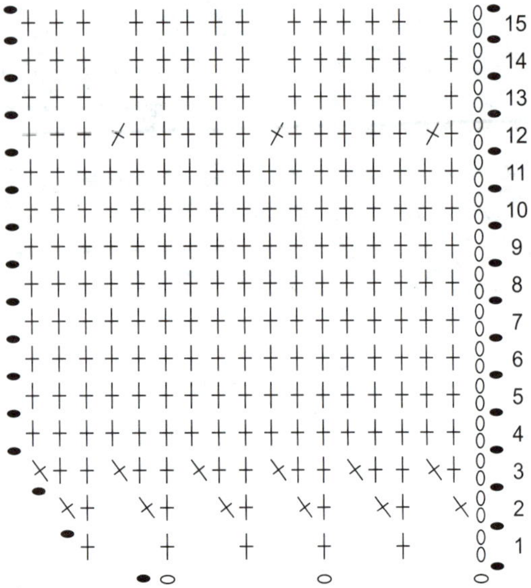

schéma 4

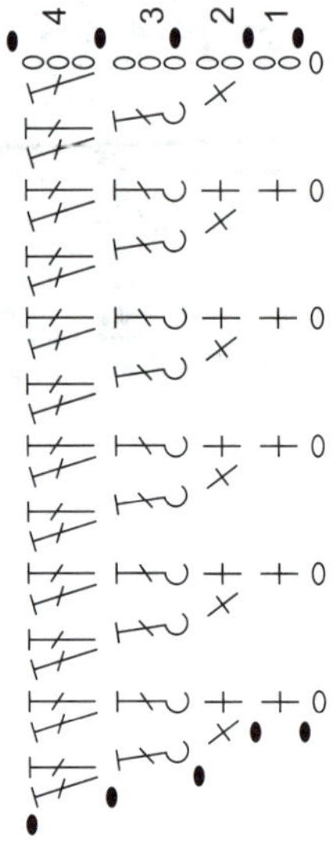

schéma 6

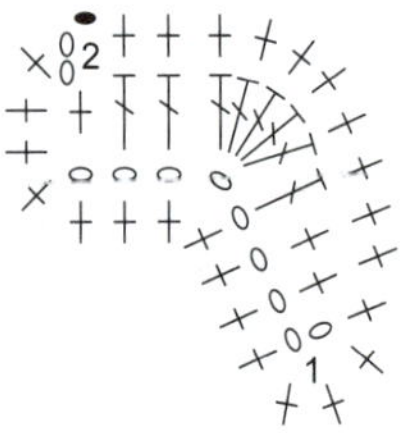

dessin

Poisson

- Dimensions : longueur 20 cm, hauteur 8 cm
- Fil : 100 % coton (pelote 50 g 165 m) 20 g de fil blanc, quelques longueurs de fils bleu azur et noir
- Crochet : 2 mm
- Niveau de difficulté : ☆☆
- Temps de réalisation : 2 heures

AVERTISSEMENT

N'UTILISEZ JAMAIS DE BOURRE POUR LES DOUDOUS QUE VOUS DESTINEZ AUX ENFANTS, SAUF SOUS LA FORME DE POCHES DE BOURRE FERMÉES, RÉALISÉES PAR DES PROFESSIONNELS ET RESPECTANT LES NORMES EN VIGUEUR SUR LA SÉCURITÉ DES JOUETS.

Commencer par la partie principale en suivant le schéma 1. Crocheter les yeux (2 éléments) en rond, en suivant le schéma 2. Coudre les yeux sur la partie principale, comme indiqué sur le dessin. Avec quelques points de fil noir, dessiner les pupilles et la bouche (dessin).

schéma 1

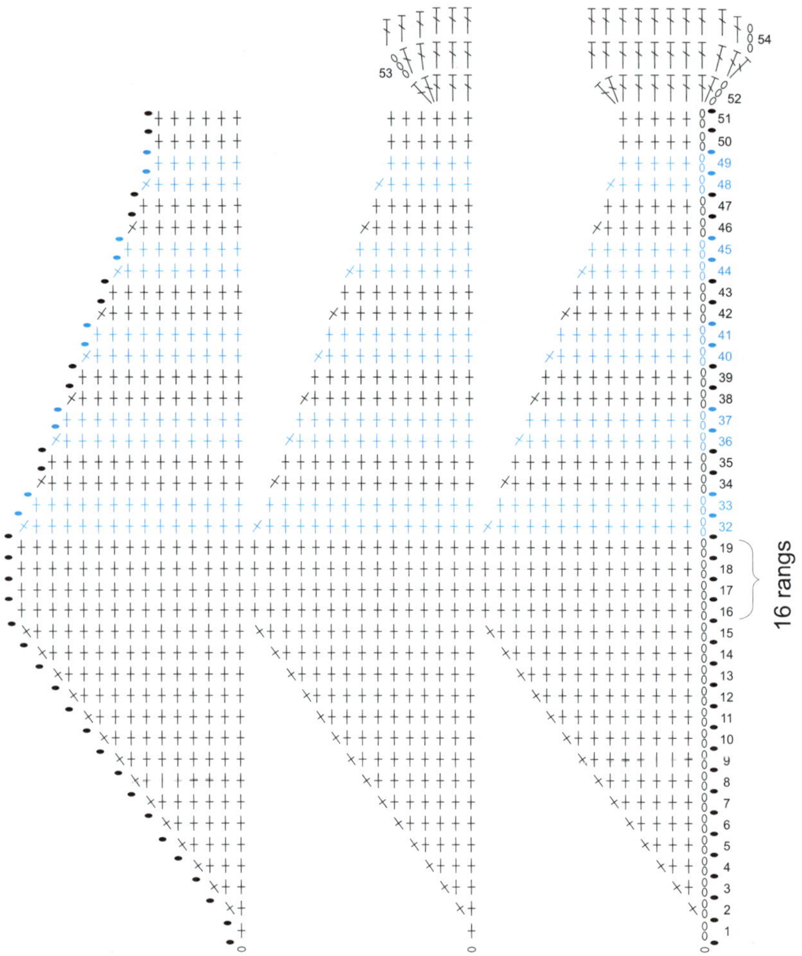

schéma 2

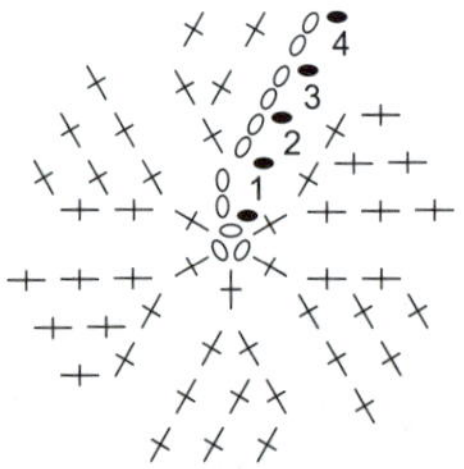

dessin

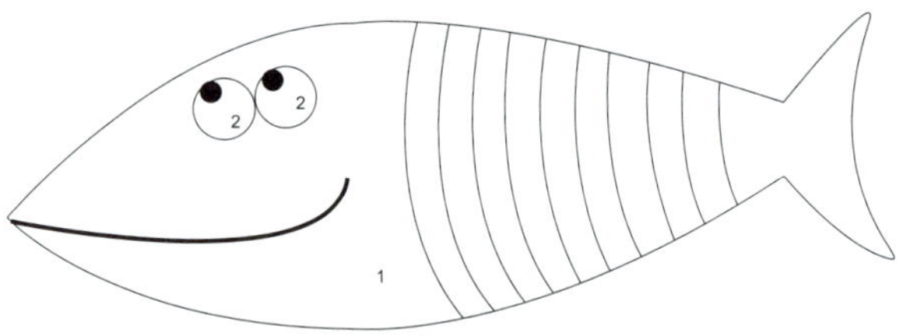

Jolie tortue

dessin

- Dimensions : longueur 22 cm, largeur 13 cm
- Fil : 100 % acrylique, 15 g de bordeaux, 10 g de blanc, 10 g de rose, quelques longueurs de mauve, de bleu, de noir et de turquoise (pelote 50 g, 150 m)
- Crochet : 2,5 mm
- Niveau de difficulté : ☆☆☆
- Temps de réalisation : 7 heures

AVERTISSEMENT

N'UTILISEZ JAMAIS DE BOURRE POUR LES DOUDOUS QUE VOUS DESTINEZ AUX ENFANTS, SAUF SOUS LA FORME DE POCHES DE BOURRE FERMÉES, RÉALISÉES PAR DES PROFESSIONNELS ET RESPECTANT LES NORMES EN VIGUEUR SUR LA SÉCURITÉ DES JOUETS.

Avec du fil bordeaux, crocheter le ventre en rond, en suivant le schéma 1. Avec du fil mauve et du fil blanc, crocheter la carapace, en suivant le schéma 2. Avec du fil mauve, coudre le ventre et la carapace par une rangée de mailles serrées, puis border au point d'écrevisse. Avec du fil rose, crocheter la tête en rond, en suivant le schéma 3. La coudre au corps. Avec du fil noir et du fil bleu, crocheter les deux éléments des yeux, en suivant le schéma 4. Avec du fil bordeaux, crocheter quatre éléments, en suivant le schéma 5 et les coudre sur la carapace, comme indiqué sur le dessin. Avec du fil bordeaux, crocheter les quatre éléments des pattes en rond, en suivant le schéma 6. Les coudre au corps, comme indiqué sur le dessin. Avec du fil noir, crocheter le nez, en suivant le schéma 7. Crocheter l'écharpe en turquoise, en suivant le schéma 8. Coudre les yeux et le nez à la tête (attention à bien les attacher pour éviter qu'ils se détachent). Nouer l'écharpe autour du cou et la coudre pour qu'elle ne se détache pas. Avec du fil rose et du fil mauve, réaliser la broderie sur la carapace, comme indiqué sur le dessin.

schéma 1

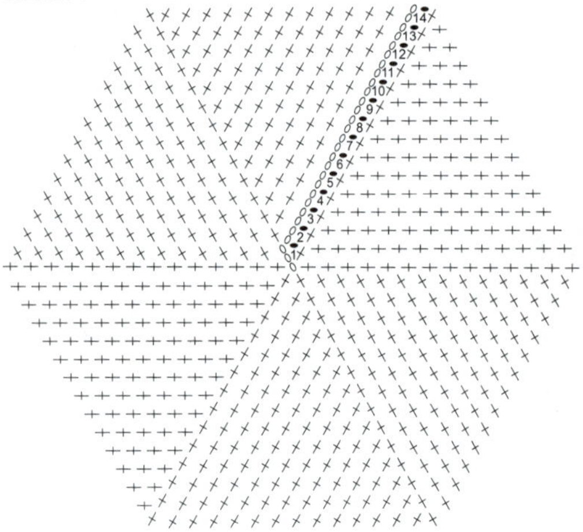

schéma 2

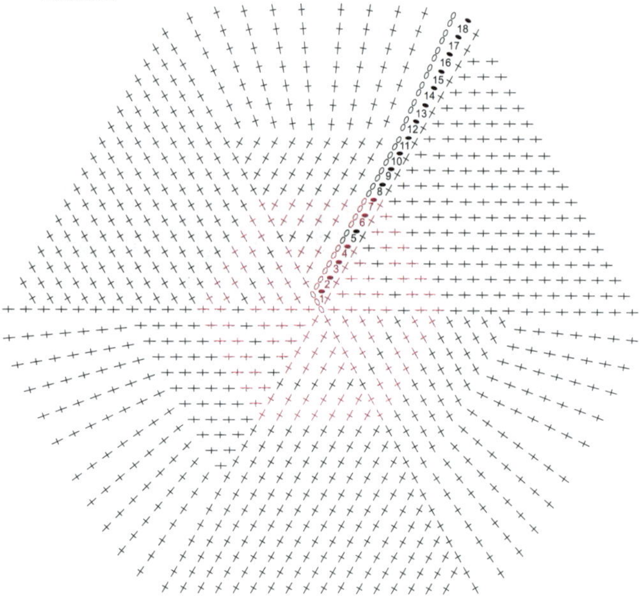

schéma 3

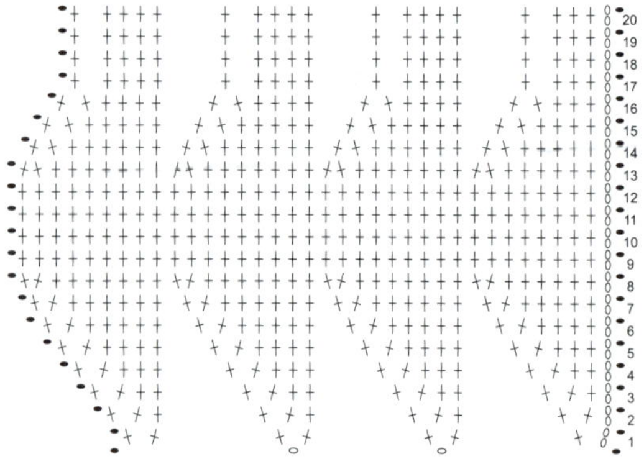

schéma 4

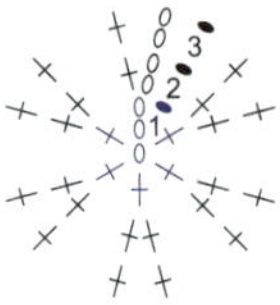

schéma 5

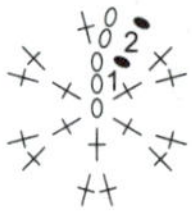

schéma 6

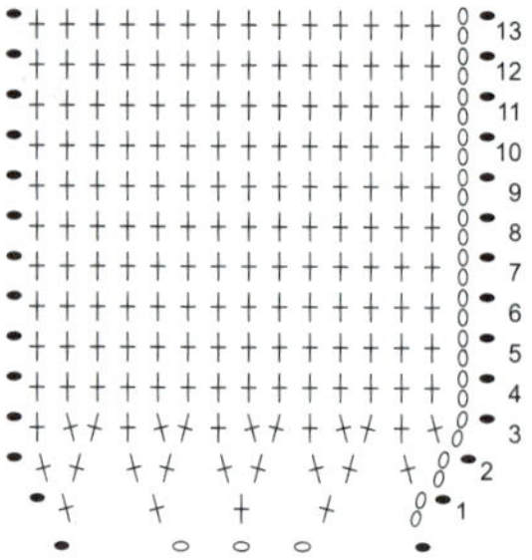

schéma 7

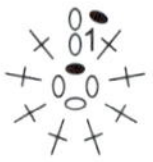

schéma 8

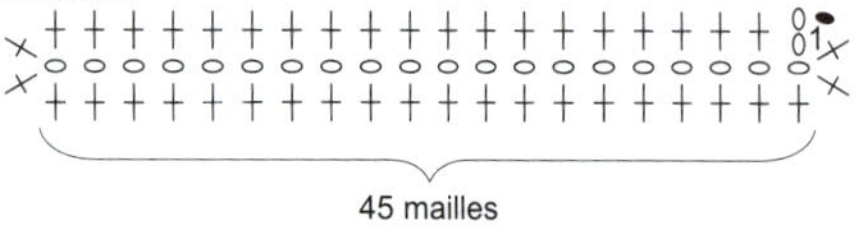

Lutin multicolore

- Dimensions : hauteur 30 cm
- Fil : 100 % coton (pelote 50 g 170 m) 30 g de chaque fil couleur noire, blanche et rouge, 100 % lin 30 g couleur beige
- Crochet : 2 mm et 3 mm
- Niveau de difficulté : ☆☆☆
- Temps de réalisation : 8 heures

AVERTISSEMENT

N'UTILISEZ JAMAIS DE BOURRE POUR LES DOUDOUS QUE VOUS DESTINEZ AUX ENFANTS, SAUF SOUS LA FORME DE POCHES DE BOURRE FERMÉES, RÉALISÉES PAR DES PROFESSIONNELS ET RESPECTANT LES NORMES EN VIGUEUR SUR LA SÉCURITÉ DES JOUETS.

Crocheter la tête du lutin avec le fil de lin et le crochet 3 mm, au point de mailles en l'air en rond, pour former une boule (le diamètre maximum ne doit pas ici excéder 5 cm). Avant de resserrer les dernières mailles, remplir la tête de fil de lin. Couper les restants de fils de lin en segments longs de 15 à 17 cm. Fixer les segments de fils de lin sur la tête du lutin en guise de barbe. Avec le fil rouge et le crochet 2 mm, crocheter le nez en forme de boule (le diamètre maximum doit mesurer 1,8 cm). Coudre le nez sur la tête du lutin. Ensuite, crocheter le corps en rond avec le fil noir, suivant le schéma 1. Commencer à crocheter les jambes, suivant le schéma 2. Ensuite, effectuer la couture suivant le bord court de l'élément pour la jambe. Réunir les mailles comme indiqué par les flèches sur le schéma. Sur l'ouverture formée de la jambe, continuer le crochet du pied, suivant le schéma 3. Crocheter l'autre jambe de la même manière ; changer seulement pour cette dernière les couleurs de fils, en référence au dessin. Crocheter les bras et les mains, suivant le schéma 4. Suivant le schéma 5, crocheter le chapeau du lutin. Placer les jambes sur le corps du lutin et fixer le haut de la jambe avec du fil. Coudre les bras sur le corps, fixer le haut du bras sur le dos du lutin et placer les paumes sur la partie avant du corps du lutin. Poser le chapeau sur la tête et le fixer avec du fil et une aiguille, suivant son contour. Coudre ensemble la tête avec le corps du lutin.

dessin

schéma 1

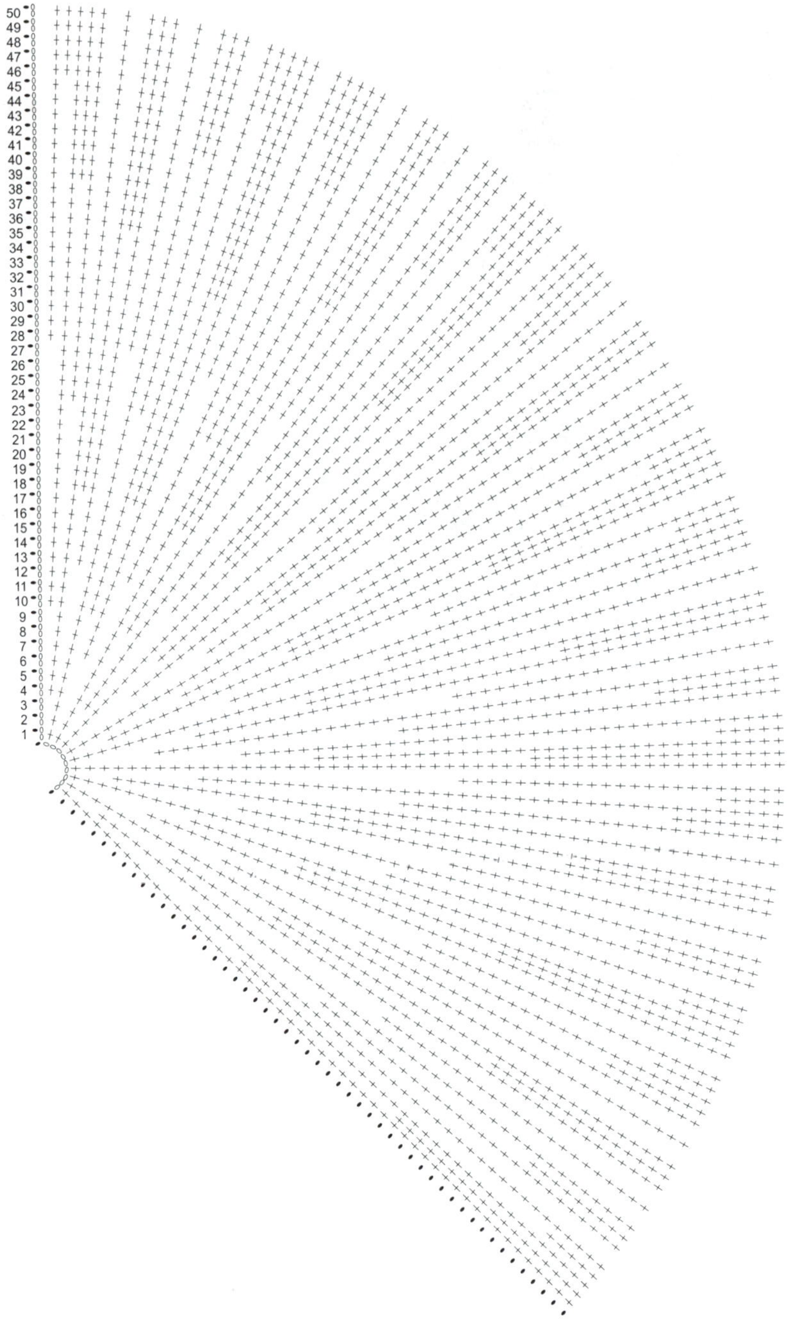

schéma 2

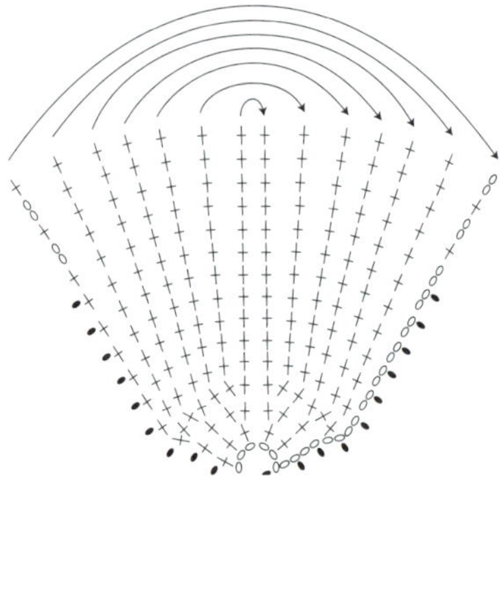

schéma 3

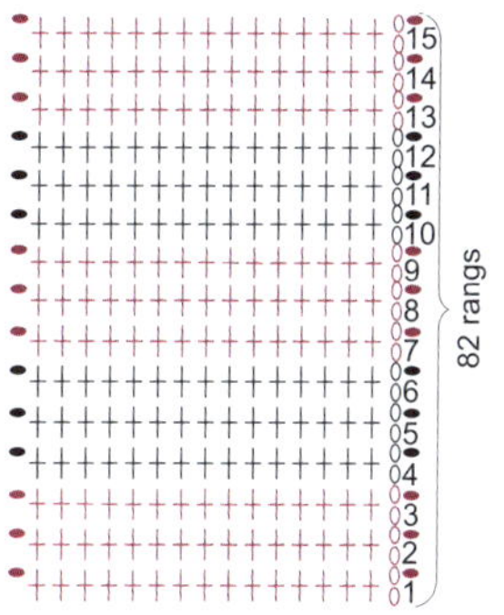

schéma 4

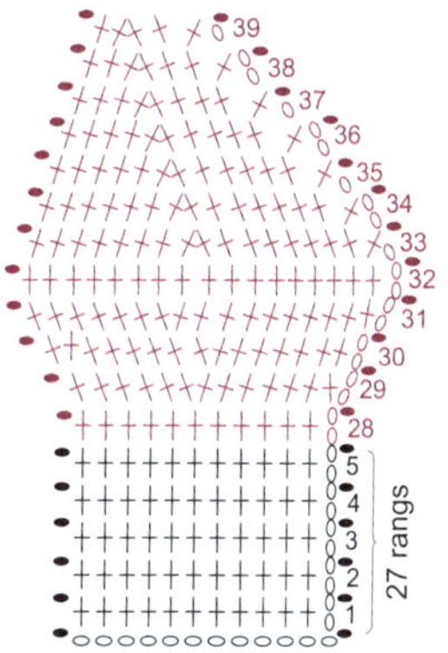

schéma 5

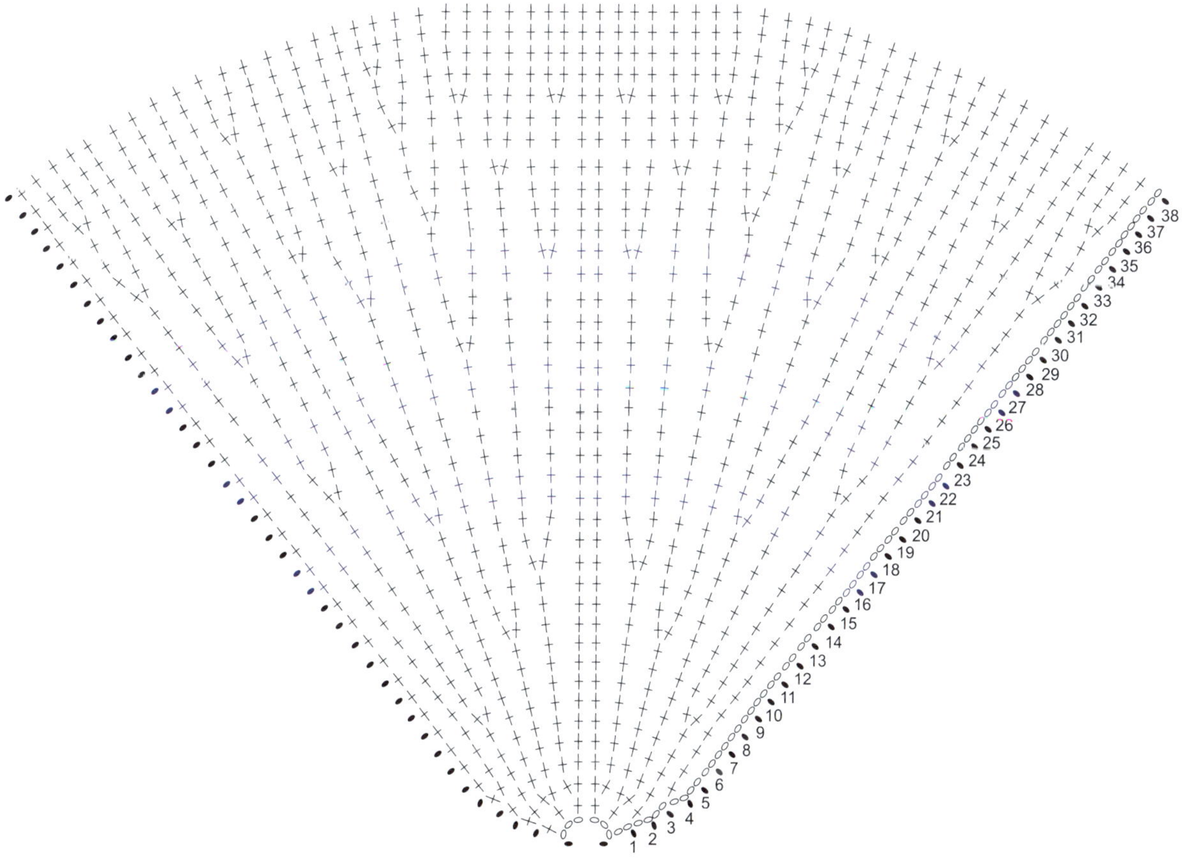

Père Noël

Crocheter le Père Noël du bas vers le haut en mailles serrées. Prendre la viscose noire et commencer par crocheter les semelles des bottes selon le schéma 1. Crocheter ensuite en rond 7 rangs de mailles serrées sans augmentations ni diminutions (figure 1). Puis, coudre les bords de l'élément crocheté avec 9 mailles serrées (voir la ligne en zigzag sur la figure 1). Vous obtenez ainsi le bas des bottes (figure 2). Retourner la botte comme un gant pour que la couture soit à l'intérieur. Crocheter la partie verticale de la botte : faire 16 rangs de mailles serrées, en ajoutant 1 maille tous les 4 rangs. La botte est terminée (figure 3). Continuer à crocheter avec le fil de coton rouge pour faire une jambe. Dans le premier rang, ajouter 1 maille toutes les 5 mailles crochetées. Crocheter le deuxième rang sans augmentations. Crocheter le troisième rang de la même façon que le premier. Le quatrième rang se fait sans augmentations. Dans le cinquième rang, ajouter 1 maille toutes les 5 mailles crochetées. Crocheter les 15 rangs suivants sans augmentations ni diminutions. Vous obtenez ainsi une jambe et sa botte (figure 4). De la même

- Dimensions : hauteur 35 cm
- Fils : coton rouge 100 g, coton beige 50 g, viscose noire 30 g, fil laineuxblanc 100 % polyamide 50 g, viscose blanche 50 g, fil mouliné à broder
- Crochets : 2,5 mm, 3 mm
- Accessoires : structure en fil métallique, remplissage

AVERTISSEMENT

N'UTILISEZ JAMAIS DE BOURRE POUR LES DOUDOUS QUE VOUS DESTINEZ AUX ENFANTS, SAUF SOUS LA FORME DE POCHES DE BOURRE FERMÉES, RÉALISÉES PAR DES PROFESSIONNELS ET RESPECTANT LES NORMES EN VIGUEUR SUR LA SÉCURITÉ DES JOUETS.

façon, crocheter une autre botte et une autre jambe. Après avoir terminé les bottes et les jambes, il faut les assembler en crochetant 15 mailles serrées à l'endroit indiqué en zigzag (figure 5). Continuer à crocheter avec le coton rouge dans le sens indiqué par les flèches (figure 6). Crocheter ainsi 10 rangs, en ajoutant 1 maille tous les 2 rangs sur le devant de la poupée. Dans les rangs 5, 6, 7, 8 et 9, diminuer 1 maille sur l'arrière de la poupée. Crocheter les 10 rangs suivants sans augmentations ni diminutions. Dans les 4 rangs suivants, diminuer 1 maille sur le devant de la poupée. Cela permet de faire un petit ventre. Crocheter encore 6 rangs sans augmentations ni diminutions. Vous obtenez ainsi tout le bas du corps du Père Noël (figure 7).

Schéma 1

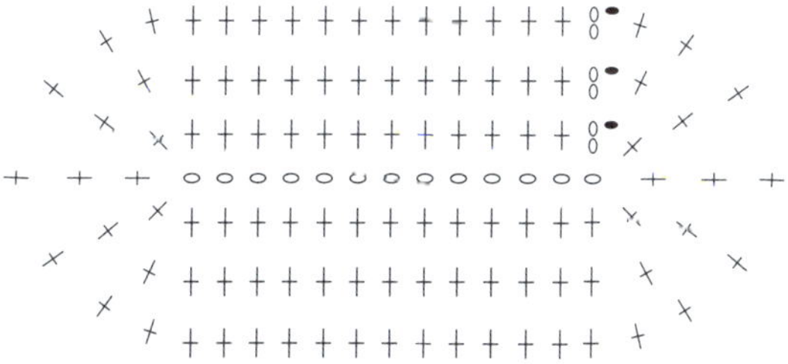

figure 1

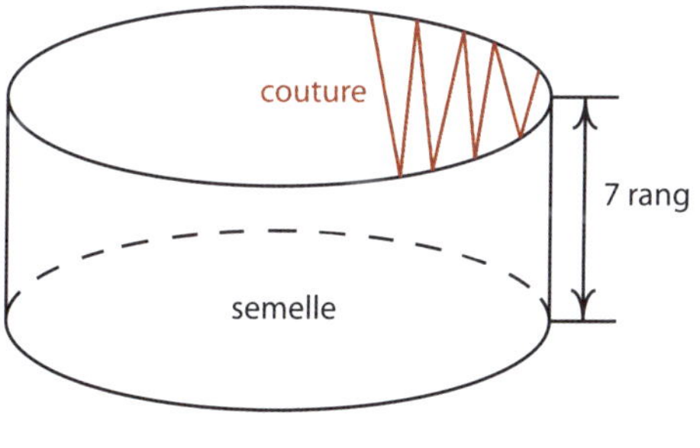

figure 2

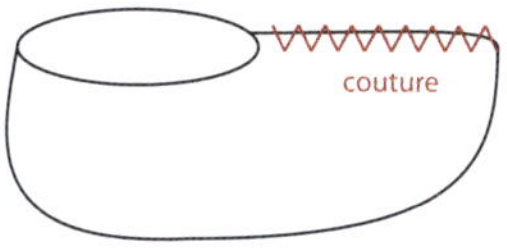

figure 3

figure 4

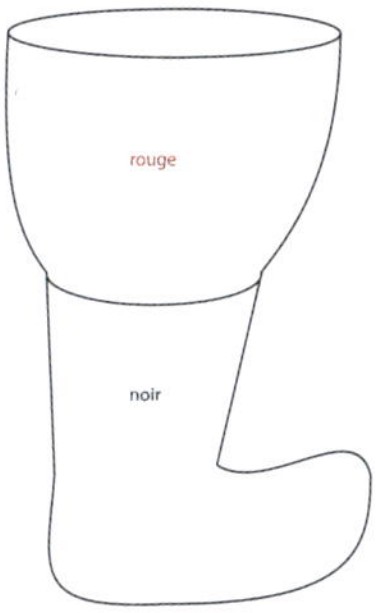

figure 5

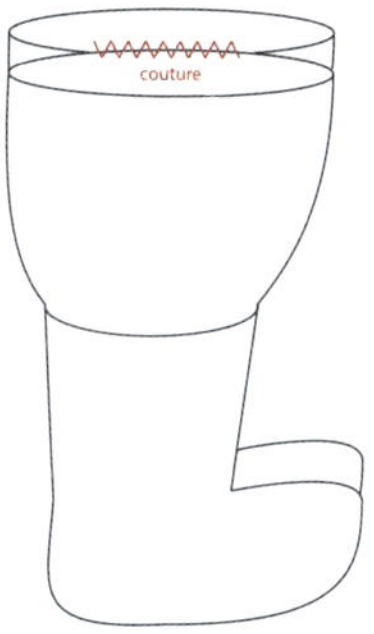

figure 6

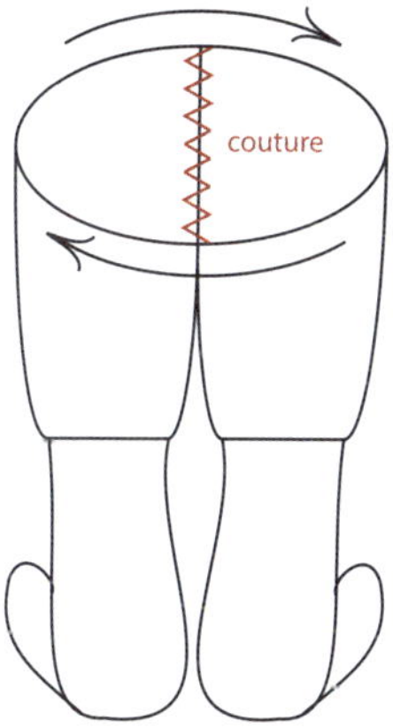

figure 7

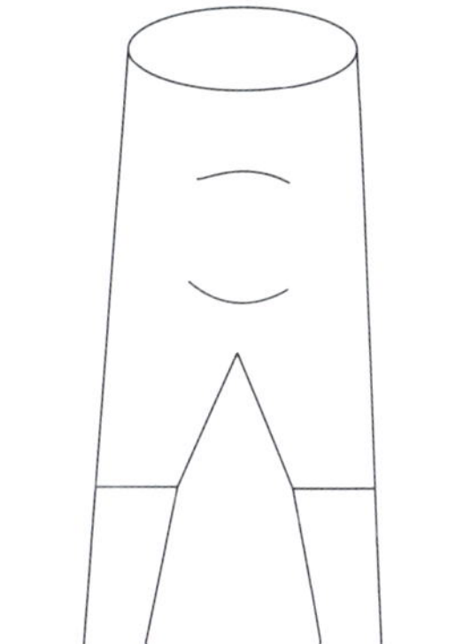

Maintenant, il faut crocheter les bras. Commencer par crocheter avec le coton beige. Former une chaînette de 5 mailles en l'air, fermer le tour et crocheter 9 mailles serrées. Crocheter ensuite en rond 5 rangs de mailles serrées, en ajoutant 2 mailles tous les rangs. Crocheter 10 rangs sans augmentations ni diminutions. Prévoir 1 diminution pour le rang suivant puis 3 rangs sans augmentations ni diminutions. Vous obtenez ainsi la paume de la main. Couper le fil et accrocher le fil rouge.

Dans le premier rang crocheté en rouge, ajouter 1 maille toutes les 2 mailles du rang précédent. Crocheter le deuxième rang sans augmentations. Crocheter le troisième rang de la même façon que le premier. Crocheter les 7 rangs suivants sans augmentations ni diminutions. Dans les 3 rangs suivants, diminuer d'1 maille. Crocheter encore 16 rangs sans augmentations ni diminutions. Vous obtenez ainsi un bras et une main (figure 8). Crocheter le deuxième bras de la même façon.

On peut maintenant rembourrer la poupée et y insérer la structure en fil métallique.

Coudre les bras sur le corps : diviser visuellement le haut des bras en trois parties (figure 9) et les coudre sur les côtés du corps comme indiqué sur la figure 10.

Continuer à crocheter en rond avec le fil rouge (figure 10). Pour crocheter les 4 rangs suivants, diminuer de 4 mailles tous les rangs (dans les endroits indiqués par les flèches sur la figure 11). Pour crocheter les 10 rangs suivants, diminuer tous les rangs de 2 mailles dans les endroits indiqués par les flèches sur la figure 11 et d'1 maille sur les bras et sur le devant de la poupée (figure 12). Le corps de la poupée est maintenant terminé.

Prendre le fil de coton beige et crocheter 5 rangs sans augmentations ni diminutions. Rembourrer le corps et crocheter la tête. Former le premier rang de la tête et le fermer. Pour tous les rangs suivants, ajouter à chaque fois 1 maille dans la deuxième maille du rang précédent (figure 13). Sur la nuque de la poupée, ajouter 1 maille dans les 3 points indiqués sur la figure 13. Puis crocheter 3 rangs, en ajoutant uniquement 1 maille dans les 3 points de la nuque. Crocheter encore 3 rangs sans

figure 8

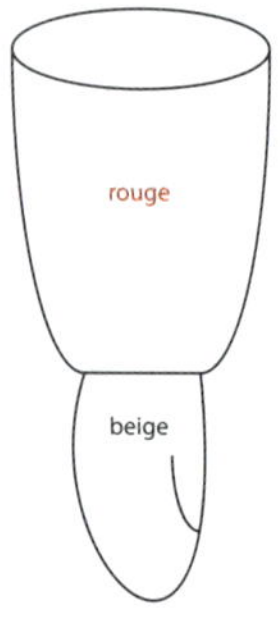

figure 9

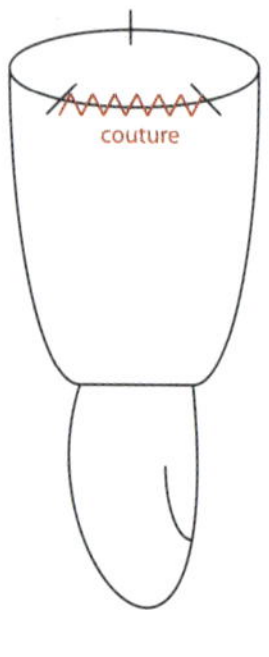

figure 10

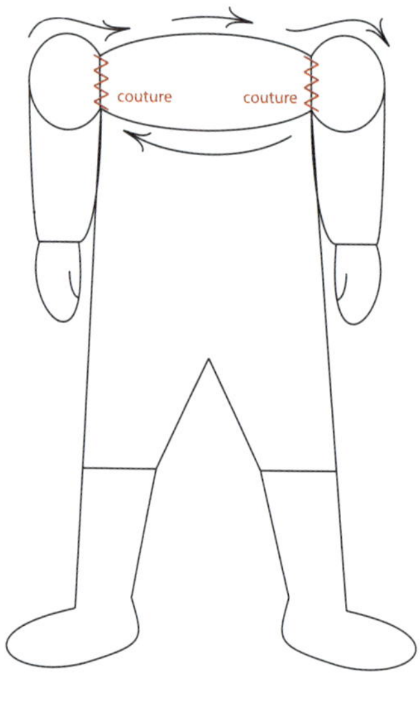

figure 11

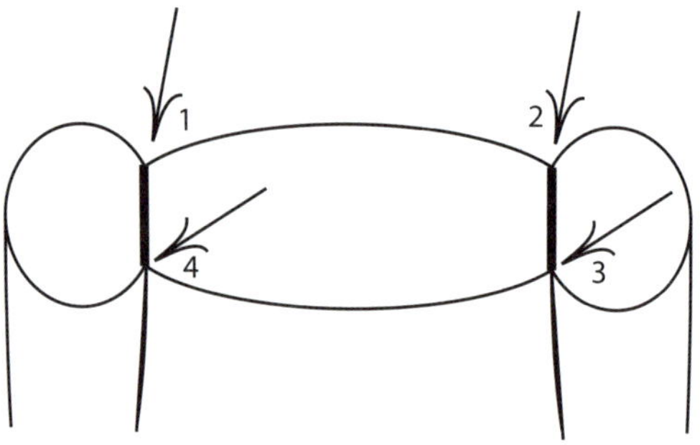

augmentations ni diminutions.
Dans les 2 rangs suivants, ajouter 1 maille dans les deux points du visage (pour faire les joues). Puis crocheter 2 rangs sans augmentations ni diminutions. Crocheter les 4 rangs suivants, en diminuant de 2 mailles dans tous les rangs sur le visage de la poupée. Puis crocheter 2 rangs sans augmentations ni diminutions. Pour les 3 rangs suivants : diminuer d'1 maille dans les 3 points de la nuque et d'1 maille sur le visage. Crocheter ensuite 3 rangs, en diminuant de 6 mailles tous les rangs. Continuer à diminuer pour fermer l'ouverture. Pendant le travail, remplir la tête de bourrage. Pour la jupe (le bas du manteau) : former une chaînette de mailles en l'air de longueur égale à la taille de la poupée (figure 14). Fermer la chaînette en rond et crocheter 15 rangs de mailles serrées, en ajoutant 3 mailles dans le premier rang. Pour faire une bordure en bas du manteau, crocheter 7 rangs de mailles serrées avec le fil blanc. Avec le même fil, faire les bordures pour les manches et l'encolure. Crocheter une bande de 7 rangs de mailles serrées de longueur égale à la longueur de la jupe. Coudre cette bande sur le devant du manteau.
Crocheter la ceinture avec la viscose noire : former une chaînette de 5 mailles en l'air + 2 mailles pour tourner. Crocheter les rangs de mailles serrées pour arriver à la longueur nécessaire. Fixer la ceinture sur la taille de la poupée, broder la boucle avec le fil de couleur jaune.
Crocheter le chapeau avec le fil rouge : former une chaînette de mailles en l'air (la longueur de la chaînette est égale au tour de tête de la poupée). Fermer la chaînette en rond, crocheter 3 rangs de mailles serrées sans augmentations ni diminutions. Crocheter ensuite 5 rangs, en diminuant d'1 maille tous les rangs. Continuer à crocheter, en diminuant de 2 mailles tous les rangs jusqu'à ce qu'il ne reste plus que 6 mailles. Crocheter une bordure du chapeau avec le fil blanc, coudre un pompon.
Faire les yeux avec le tissu blanc et les coudre sur le visage, broder les pupilles, la bouche, coudre le nez.
Faire les moustaches et la barbe avec la viscose blanche : couper des morceaux de 15 cm de long, fixer chaque morceau sur la tête, en faisant un nœud au milieu du fil.

figure 12

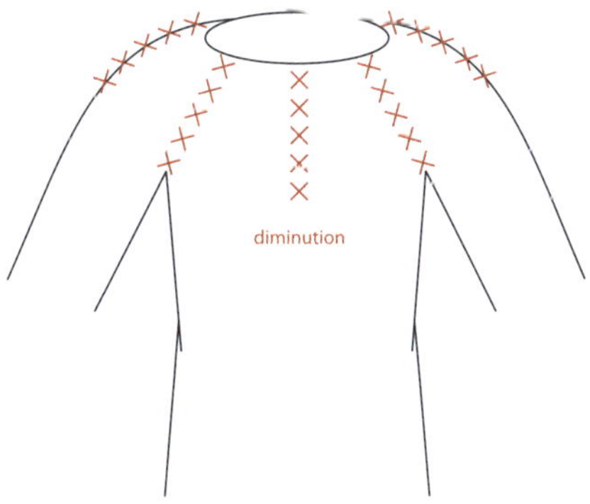

figure 13

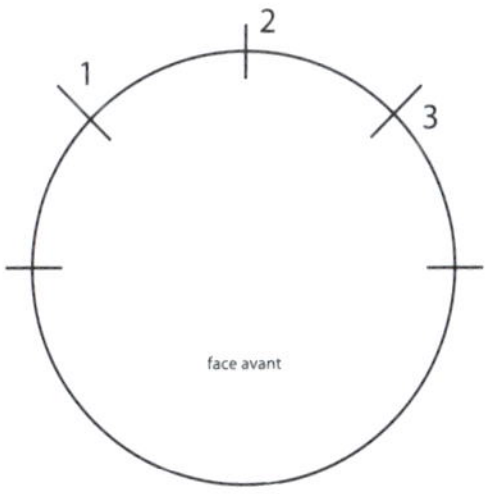

figure 14

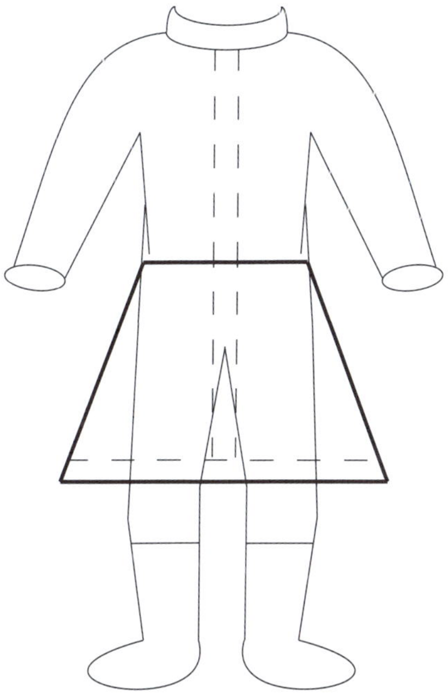

Petite poupée

Crocheter l[illegible]en rond, en prenant le fil [illegible]ur. Crocheter la semelle (2 [illegible]nt le schéma 1. Crocheter le haut de l[illegible]nts) en suivant le schéma 2. Crochete[illegible]ments) en suivant le schéma 3, pou[illegible]tricoter deux rangs de mailles serrées[illegible]à un brin du rang 6. Coudre les deux é[illegible]bes, comme indiqué sur le dessin, et [illegible]chetant le corps, en suivant le schém[illegible]cheter les bras (2 éléments) en suivant le schéma 5. Crocheter la tête (2 éléments) en suivant le schéma 6. Crocheter la robe en suivant le schéma 7. Border le haut et le bas de la robe de deux rangs de mailles serrées. Réaliser le motif de la robe au point de chaînette, comme indiqué sur le dessin. Sur l'envers, coudre les deux éléments de la tête par une rangée de mailles serrées et retourner. Coudre la tête et les bras sur le corps (dessin). Enfiler la robe et la fixer par quelques points au niveau des épaules. Coudre la jambe de la bottine à la semelle, puis coudre les bottines ainsi obtenues sur les jambes, comme indiqué sur le dessin. Sur le sommet de la tête, coudre 3 pelotes de fil marron clair et les fixer sur l'arrière, par trois coutures horizontales, nouer deux queues de fil rose (voir le dessin). Dessiner la bouche par quelques points de fil rose, et les yeux par du noir (voir le dessin).

dessin

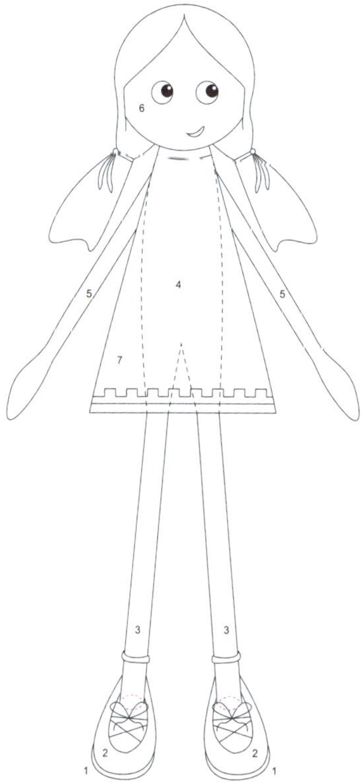

- Dimensions : hauteur 31 cm, largeur 6,5 cm
- Fil : 100 % coton (pelote 50 g, 210 m), 40 g de crème, 20 g de rose, 20 g de gris, 20 g de marron clair
- Crochet : 2,5 mm
- À rajouter : quelques longueurs de noir
- Niveau de difficulté : ☆☆☆☆
- Temps de réalisation : 5 heures

AVERTISSEMENT

N'UTILISEZ JAMAIS DE BOURRE POUR LES DOUDOUS QUE VOUS DESTINEZ AUX ENFANTS, SAUF SOUS LA FORME DE POCHES DE BOURRE FERMÉES, RÉALISÉES PAR DES PROFESSIONNELS ET RESPECTANT LES NORMES EN VIGUEUR SUR LA SÉCURITÉ DES JOUETS.

schéma 1

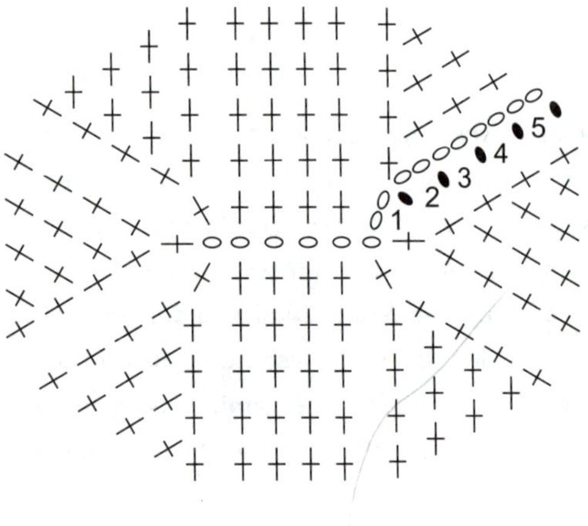

schéma 2

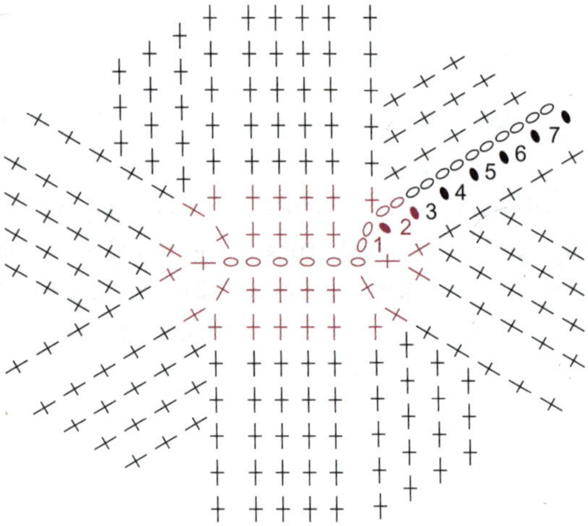

schéma 3

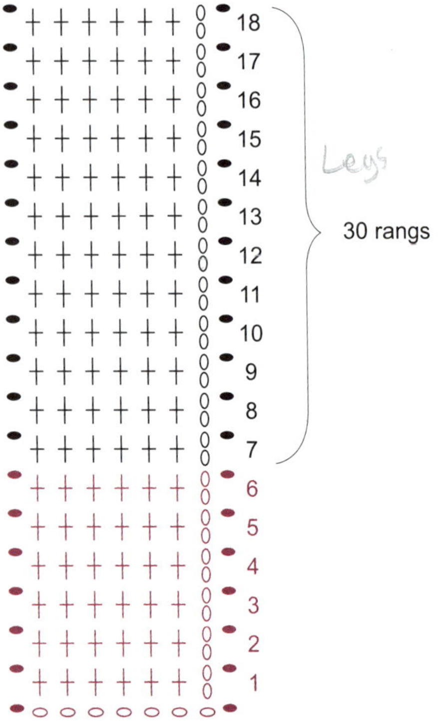

schéma 4

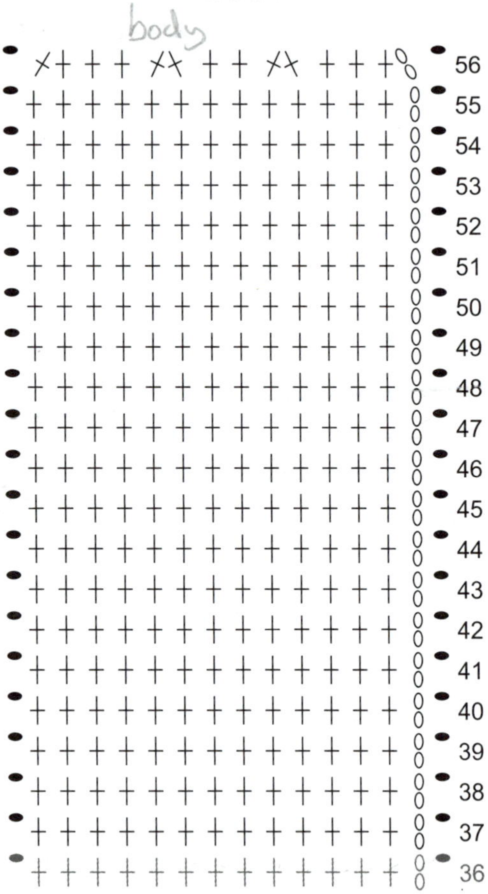

schéma 5

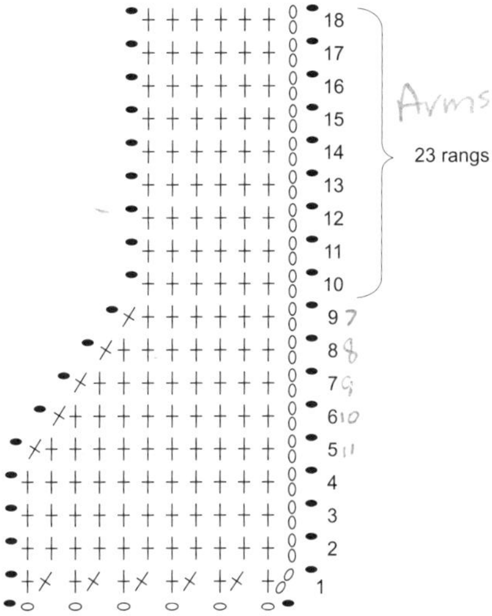

schéma 6

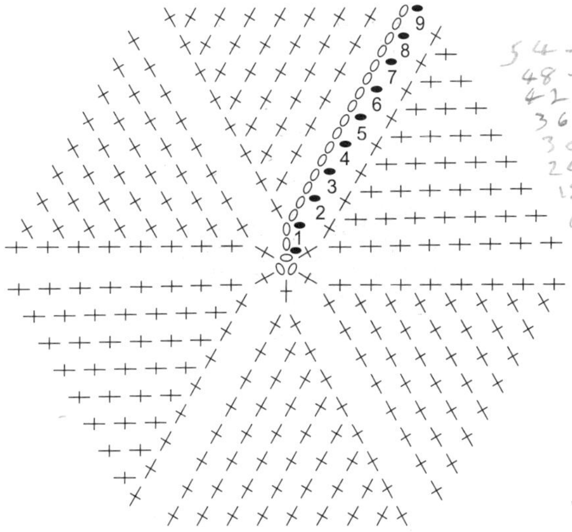

schéma 7

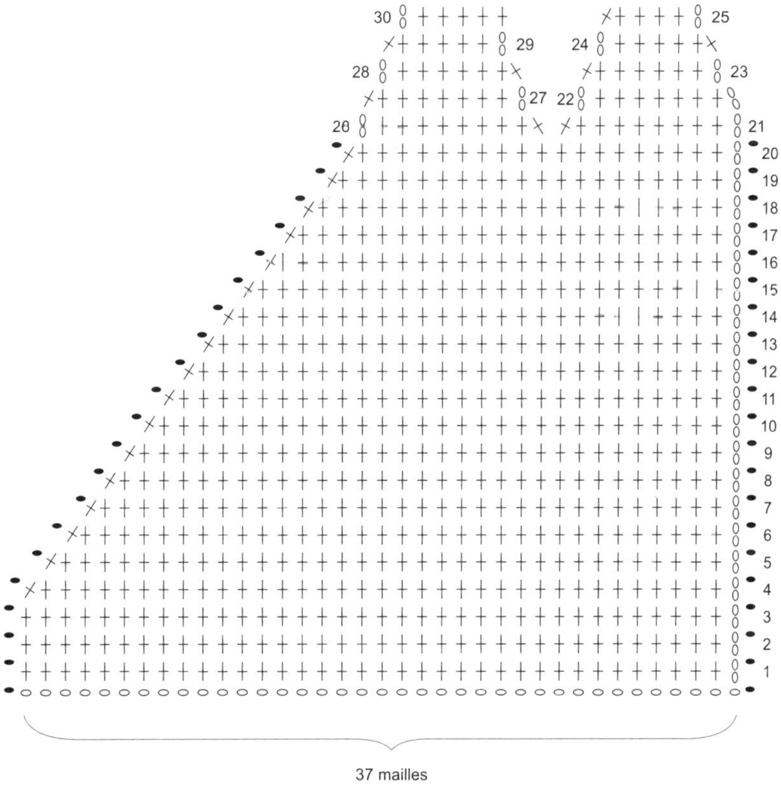

Minion

Crocheter le corps en rond, en suivant le schéma 1. Crocheter la partie supérieure de la combinaison, en suivant le schéma 2, réaliser une bordure sur le pourtour, avec des mailles serrées ; pour les bretelles (2 éléments), monter une chaînette de 30 mailles en l'air et crocheter une rangée de mailles serrées en sens inverse. Crocheter les bras (2 éléments) en rond, en suivant le schéma 3. Crocheter les jambes (2 éléments) en rond, en suivant le schéma 4. Crocheter les yeux (2 éléments) en suivant le schéma 5 ; pour la lanière noire qui tient les lunettes, monter une chaînette de 42 mailles en l'air et crocheter une rangée de mailles serrées en sens inverse. Crocheter le chapeau en rond, en suivant le schéma 6. Coudre tous les éléments entre eux, comme indiqué sur le dessin. Avec des points de fil noir, dessiner les yeux ; avec du fil marron, la bouche et les boutons de la combinaison.

- Dimensions : hauteur 19 cm
- Fils : 100 % coton (pelote 50 g, 165 m), 20 g de rouge, 20 g de marron clair, quelques longueurs de gris, blanc, marron et noir
- Crochet : 2 mm
- Niveau de difficulté : ☆☆☆
- Temps de réalisation : 4 heures

AVERTISSEMENT

N'UTILISEZ JAMAIS DE BOURRE POUR LES DOUDOUS QUE VOUS DESTINEZ AUX ENFANTS, SAUF SOUS LA FORME DE POCHES DE BOURRE FERMÉES, RÉALISÉES PAR DES PROFESSIONNELS ET RESPECTANT LES NORMES EN VIGUEUR SUR LA SÉCURITÉ DES JOUETS.

dessin

schéma 1

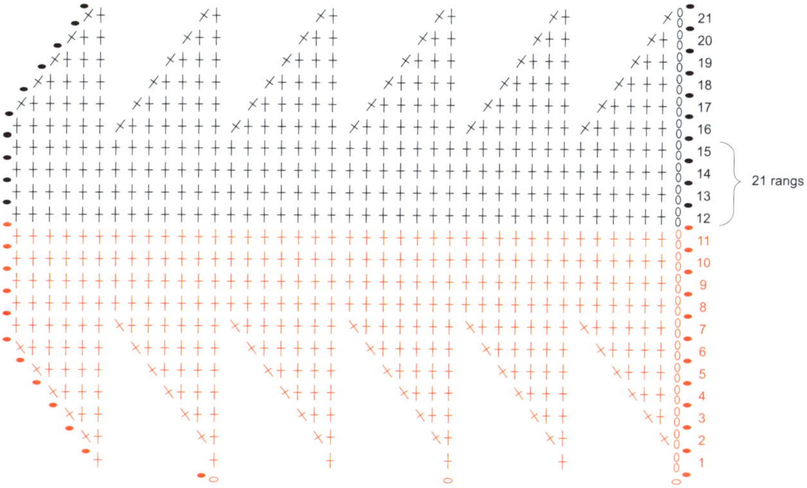

schéma 2

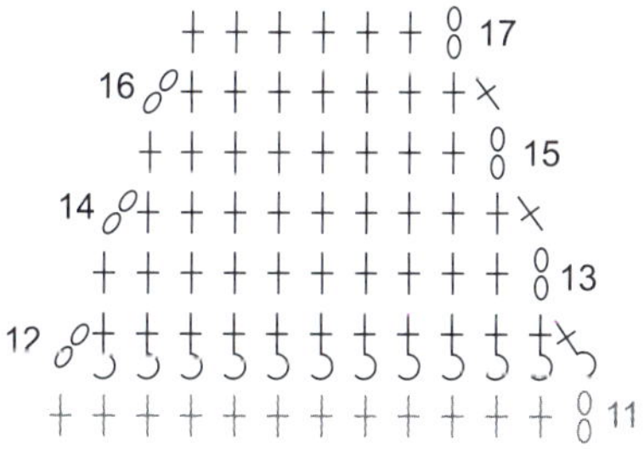

schéma 3

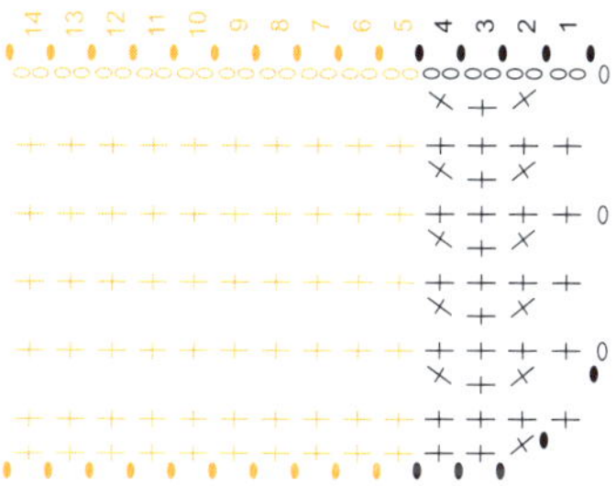

schéma 4

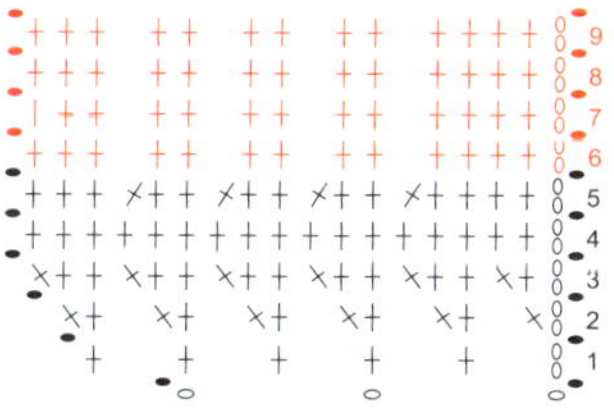

schéma 5

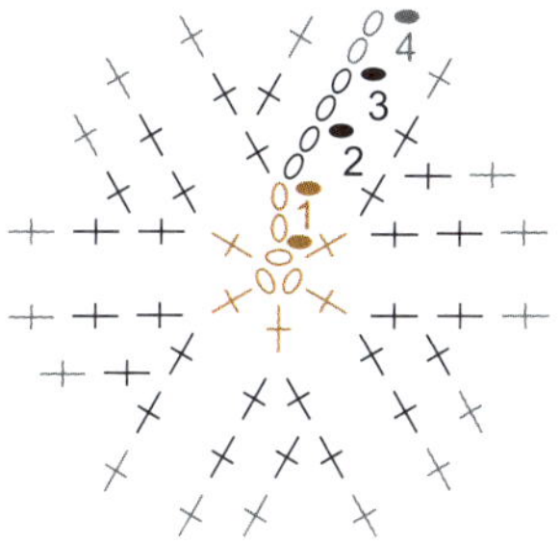

schéma 6

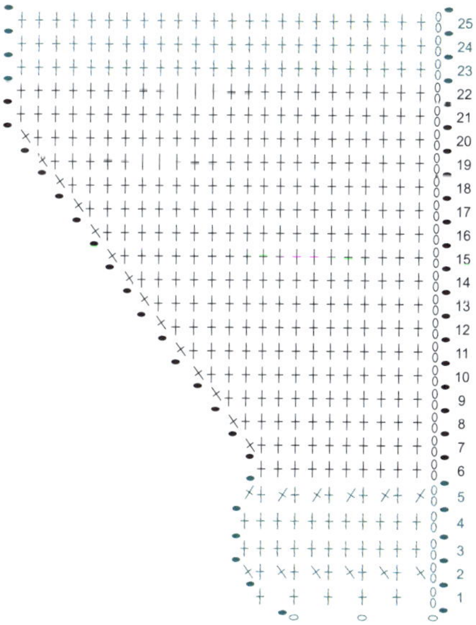

Figurine pour sapin

dessin

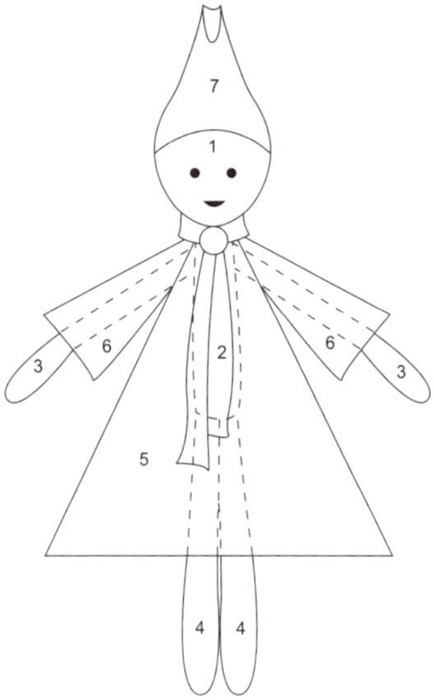

- Dimensions : hauteur 16 cm
- Fils : 100 % coton (pelote 50 g, 165 m), 20 g de blanc, quelques longueurs de marron, rouge, doré et noir
- Crochet : 1,5 mm
- Niveau de difficulté : ☆☆
- Temps de réalisation : 3 heures

AVERTISSEMENT

N'UTILISEZ JAMAIS DE BOURRE POUR LES DOUDOUS QUE VOUS DESTINEZ AUX ENFANTS, SAUF SOUS LA FORME DE POCHES DE BOURRE FERMÉES, RÉALISÉES PAR DES PROFESSIONNELS ET RESPECTANT LES NORMES EN VIGUEUR SUR LA SÉCURITÉ DES JOUETS.

Crocheter la tête en rond, en suivant le schéma 1. Crocheter le corps en rond, en suivant le schéma 2. Crocheter les bras (2 éléments) en rond, en suivant le schéma 3. Crocheter les jambes (2 éléments) en rond, en suivant le schéma 4. Crocheter la robe en rond, en suivant le schéma 5. Crocheter les manches (2 éléments) en suivant le schéma 6. Crocheter le bonnet en rond, en suivant le schéma 7. Pour l'écharpe, monter une chaînette de 60 mailles en l'air et crocheter un rang de mailles serrées en sens inverse. Coudre tous les éléments entre eux, comme indiqué sur le dessin. Avec quelques points de fil noir, dessiner les yeux; avec du fil rouge, la bouche.

schéma 1

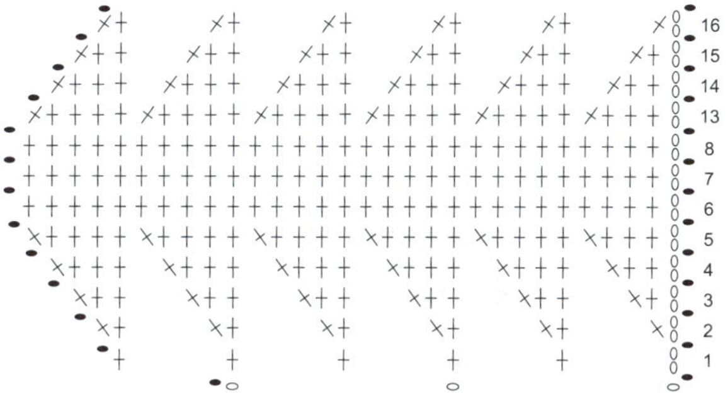

schéma 2

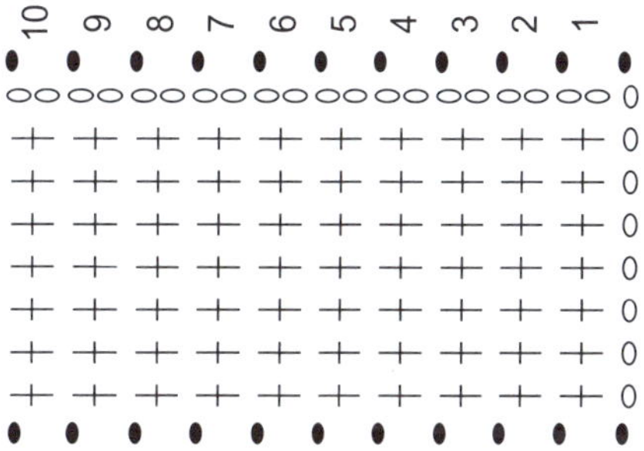

schéma 3

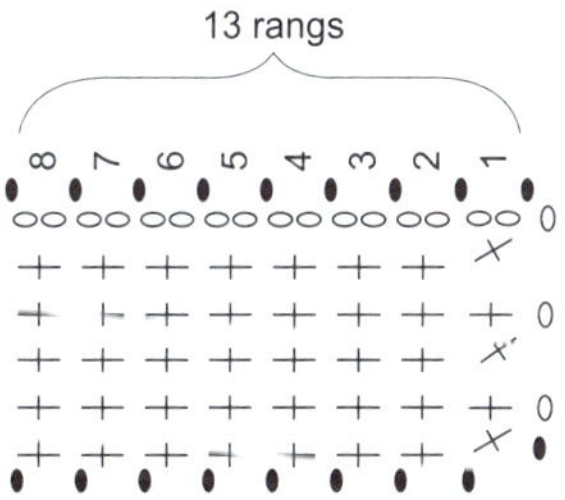

schéma 4

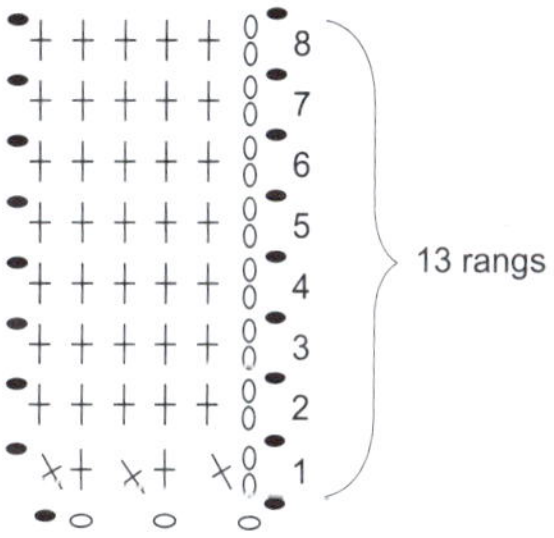

schéma 5

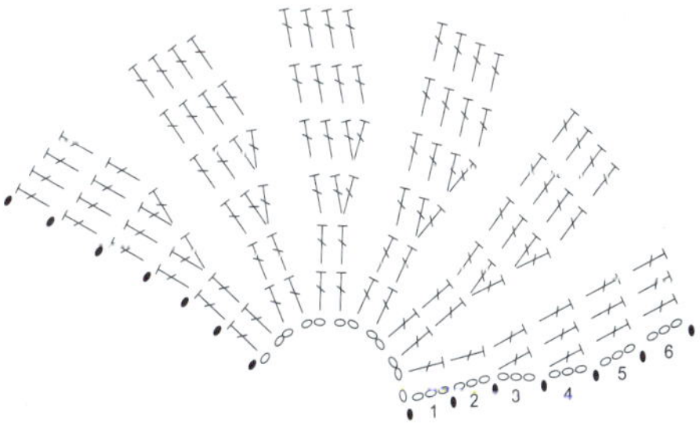

schéma 6

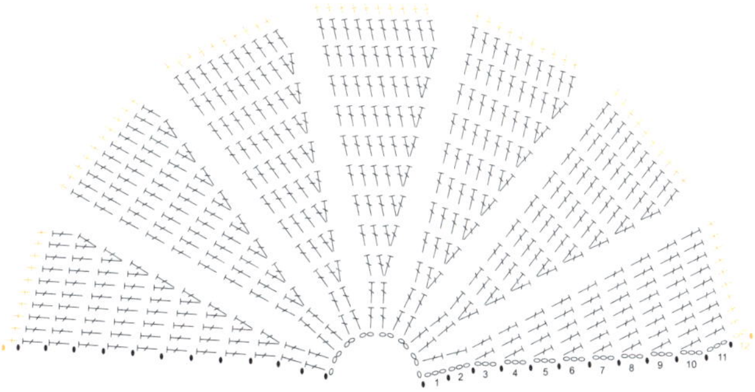

schéma 7

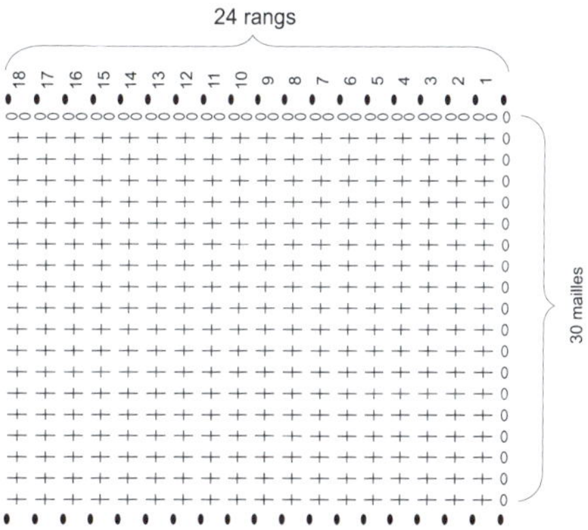

Bonhomme de neige

dessin

- Dimensions : hauteur 28 cm
- Fil : 100 g de fil mousse synthétique (marque « Baby ») (pelote 50 g 85 m) couleur blanche, 100 % coton (pelote 50 g 210 m) 30 g couleur rouge et couleur verte, chutes de fil noir
- Crochet : 2 mm et 5 mm
- Supplément : rembourrage, fil métallique de longueur 32 cm, deux perles noires de diamètre 1,2 mm
- Niveau de difficulté : ☆☆☆
- Temps de réalisation : 8 heures

AVERTISSEMENT

N'UTILISEZ JAMAIS DE BOURRE POUR LES DOUDOUS QUE VOUS DESTINEZ AUX ENFANTS, SAUF SOUS LA FORME DE POCHES DE BOURRE FERMÉES, RÉALISÉES PAR DES PROFESSIONNELS ET RESPECTANT LES NORMES EN VIGUEUR SUR LA SÉCURITÉ DES JOUETS.

Crocheter le corps du bonhomme de neige, en rond suivant le schéma 1, avec le crochet 5 mm. Le remplir de kapok au fur et à mesure. Crocheter la tête en rond, avec le crochet 5 mm, suivant le schéma 2. La rembourrer au fur et à mesure. Pour les mains (2 éléments), monter une chaînette de 9 mailles coulées et crocheter un rang de 7 mailles en l'air, avec le crochet 5 mm. Crocheter la face supérieure du chapeau avec le crochet 2 mm, suivant le schéma 3. Crocheter la partie principale du chapeau avec le crochet 2 mm, suivant le schéma 3a, ensuite, continuer le crochet suivant le schéma 3b. Réaliser la bordure des pans du chapeau au point écrevisse. Crocheter l'écharpe au crochet 2 mm, suivant le schéma 4. Crocheter les mitaines (2 éléments), avec le crochet 2 mm suivant le schéma 5. Les remplir de kapok au fur et à mesure. Crocheter le nez avec le crochet 2 mm, suivant le schéma 6. Le remplir au fur et à mesure de kapok. Crocheter le traîneau au crochet 2 mm, avec le fil de couleur verte, suivant le schéma 7. Plier un fil métallique pour lui donner la forme d'un rectangle et le fixer sur le contour du traîneau. Crocheter en fil blanc, autour du traîneau, en incluant dans la bordure le fil métallique, avec le crochet 5 mm. Réunir par une couture le corps du bonhomme de neige avec la tête, les bras et les gants, comme indiqué sur le dessin. Coudre le chapeau sur la tête du bonhomme de neige et le nez sur son visage (cf. dessin). Avec du fil noir, broder une bouche et des sourcils, comme indiqué sur le dessin. Confectionner les yeux avec les perles noires. Crocheter l'écharpe.

schéma 1

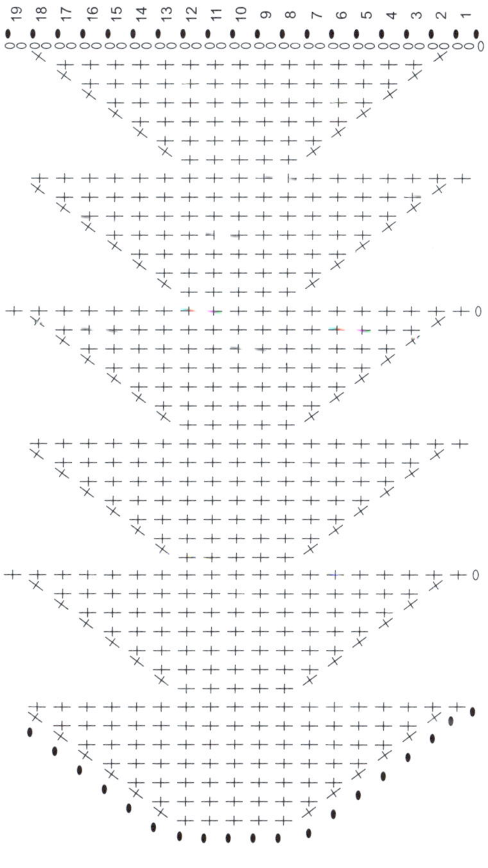

schéma 2

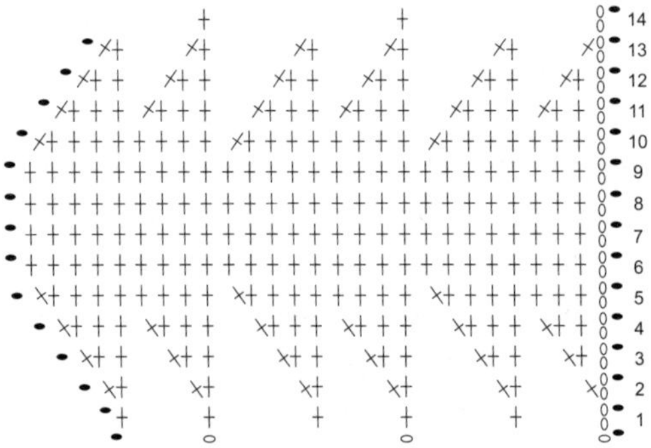

schéma 3

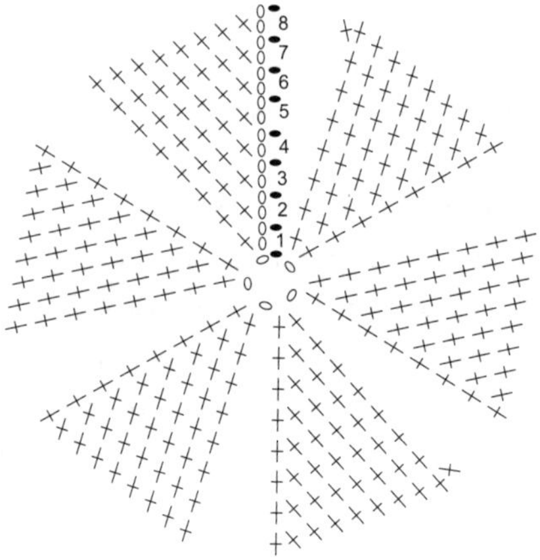

schéma 3a

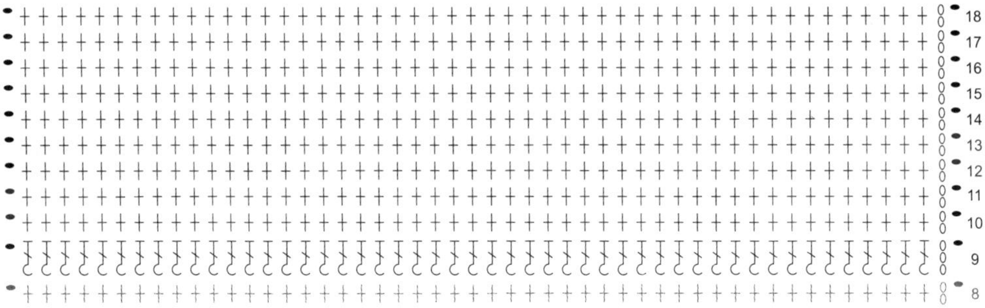

schéma 3b

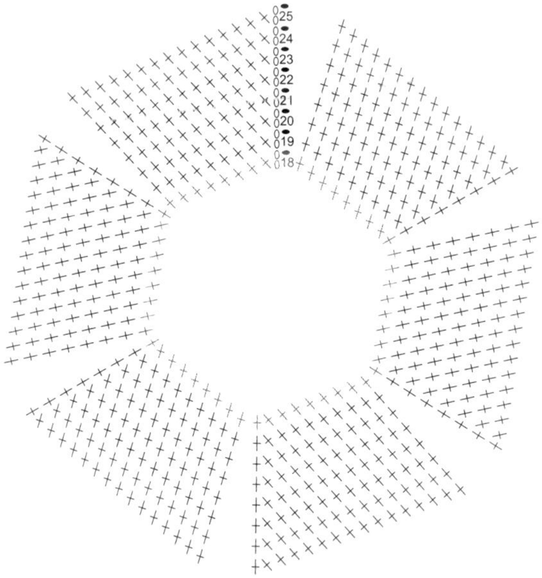

schéma 4

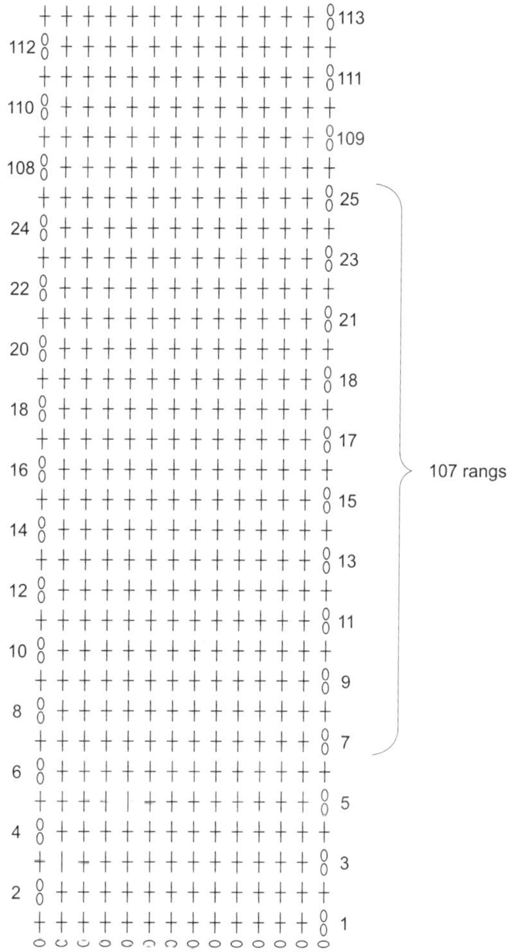

schéma 5

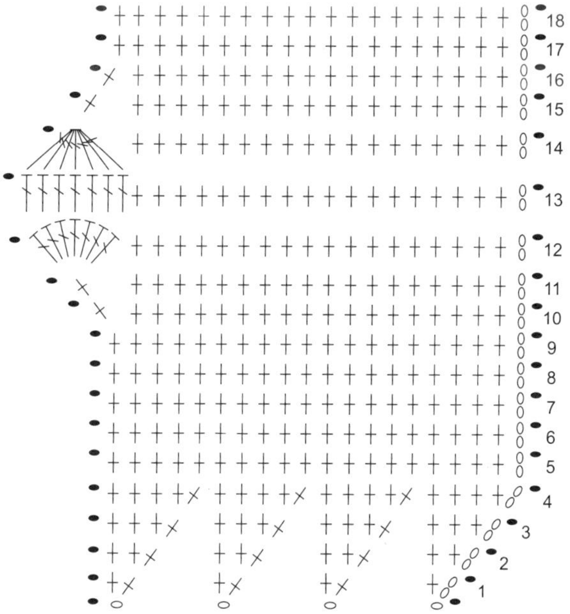

schéma 6

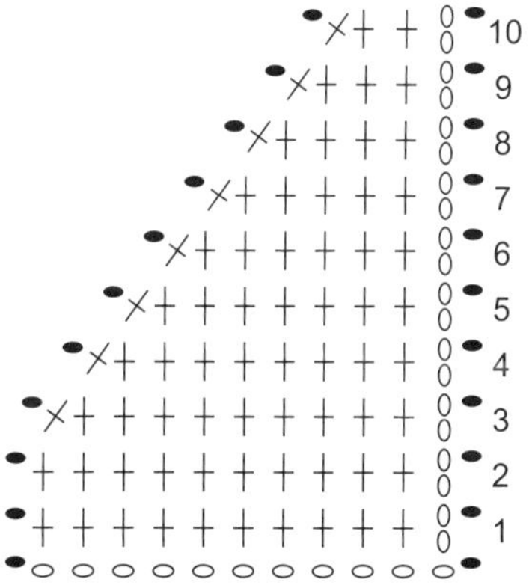

schéma 7

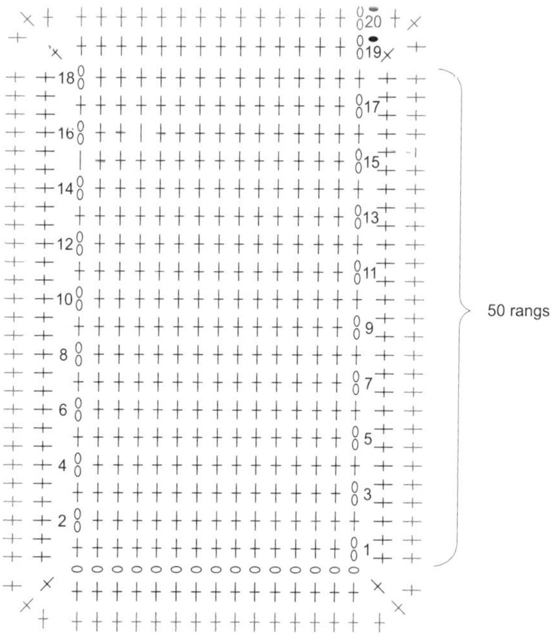

Lutin

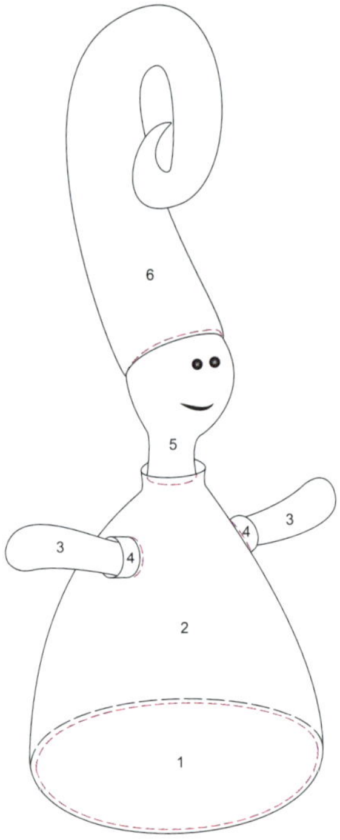

dessin 1

- Dimensions : hauteur 35 cm, largeur 14 cm
- Laine mélangée : 50 % laine 50 % acrylique, 60 g de couleur rouge (pelote 100 g 220 m), 50 g de couleur blanche
- Crochet : 1,5 mm
- Matériel complémentaire : kapok, 2 perles de verre noir pour les yeux
- Niveau de difficulté : ✩✩✩✩
- Durée de réalisation : 9 heures

AVERTISSEMENT

N'UTILISEZ JAMAIS DE BOURRE POUR LES DOUDOUS QUE VOUS DESTINEZ AUX ENFANTS, SAUF SOUS LA FORME DE POCHES DE BOURRE FERMÉES, RÉALISÉES PAR DES PROFESSIONNELS ET RESPECTANT LES NORMES EN VIGUEUR SUR LA SÉCURITÉ DES JOUETS.

Crocheter avec la laine rouge la base du lutin suivant le schéma 1. Monter une chaînette de 24 mailles coulées, la refermer en anneau et crocheter le corps du lutin en rond suivant le schéma 2. Crocheter en blanc les bras et les deux mains du lutin selon le schéma 3. Suivant le schéma 4, crocheter en rond les deux manches avec de la laine rouge. Suivant le schéma 5, crocheter en rond, avec de la laine blanche, la tête du lutin. Suivant le schéma 6, crocheter en rond, avec de la laine rouge, le bonnet du lutin en forme de mitre.

Assemblage : assembler le corps du lutin avec sa base par une couture extérieure comme indiqué sur le dessin. Remplir le corps de kapok. Rembourrer les mains et les bras, la tête et le bonnet. Coudre les bras au corps du lutin (se reporter au dessin), puis les revêtir chacun de leur manche rouge, à raccorder également, par une couture, au corps du lutin. Coudre la tête sur le corps, puis coudre le bonnet sur la tête. Enrouler le bonnet en spirale et en fixer son extrémité. Coudre les perles de verre pour les yeux. Broder une bouche.

schéma 1

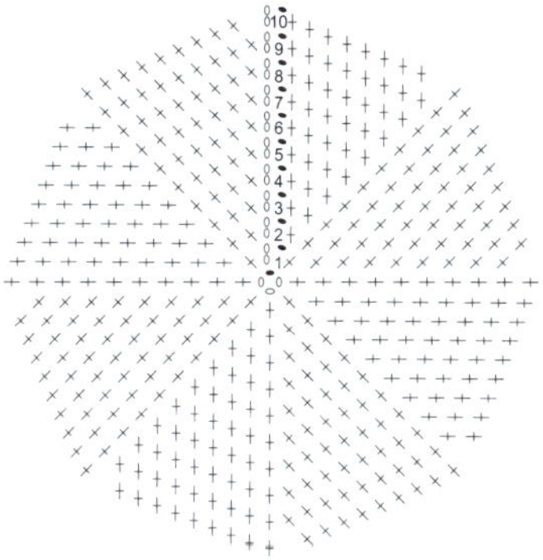

schéma 2

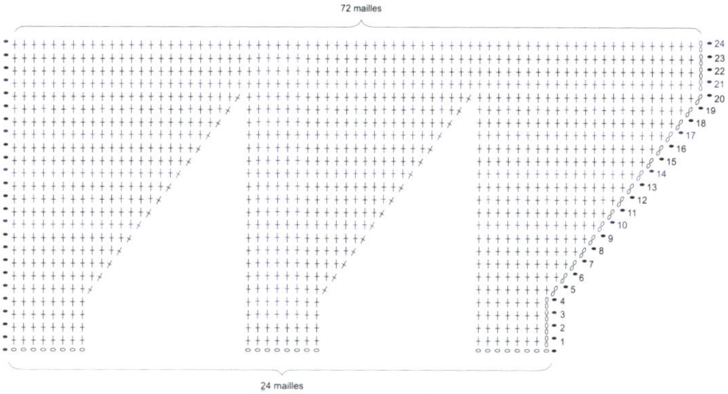

schéma 3

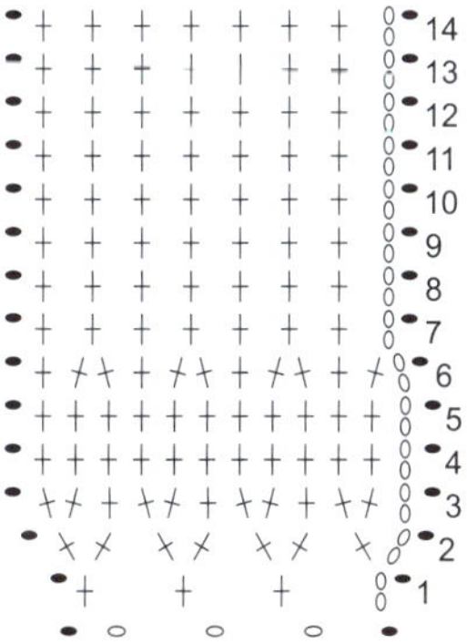

schéma 5

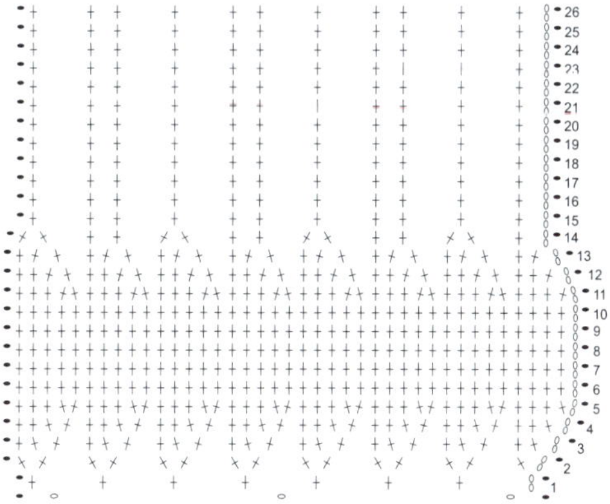

schéma 6

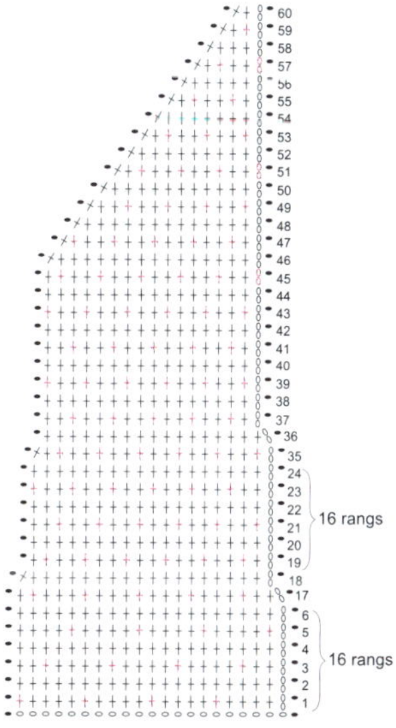

schéma 4

Petit chat

dessin

- Dimension : hauteur 10 cm
- Fil : 100 % coton (pelote 50 g, 165 m), 40 g de fil de couleur lilas, restants de fils de couleurs rose, violet, marron clair, noir et blanc cassé
- Crochet : 2 mm
- Niveau de difficulté : ☆☆
- Temps de réalisation : 5 heures

AVERTISSEMENT

N'UTILISEZ JAMAIS DE BOURRE POUR LES DOUDOUS QUE VOUS DESTINEZ AUX ENFANTS, SAUF SOUS LA FORME DE POCHES DE BOURRE FERMÉES, RÉALISÉES PAR DES PROFESSIONNELS ET RESPECTANT LES NORMES EN VIGUEUR SUR LA SÉCURITÉ DES JOUETS.

Crocheter la tête du chat en rond, suivant le schéma 1. Crocheter le corps en rond, suivant le schéma 2. Crocheter les pattes en rond (4 éléments) suivant le schéma 3. Crocheter les oreilles (2 éléments) suivant le schéma 4. Crocheter la queue en rond, suivant le schéma 5. Effectuer la bordure des oreilles au point écrevisse. Pour réaliser le collier, monter une chaînette de mailles en l'air de 7 cm de longueur et crocheter un rang de mailles en l'air dans le sens inverse. Pour former les yeux, monter deux chaînettes de 9 mailles en l'air et coudre ensemble les extrémités de chacune d'elles. Coudre ensemble les éléments 1 à 5, comme indiqué sur le dessin. Enrouler le collier autour du cou du chat et coudre ensemble ses extrémités. Broder les prunelles avec du fil noir, coudre les éléments des yeux tout autour des prunelles (se reporter au dessin). Broder le nez avec du fil de couleur rose, comme indiqué sur le dessin. Avec du fil de couleur blanc cassé, former les 4 poils de moustache de chaque côté du museau du chat et en terminer la modélisation (voir dessin).

schéma 1

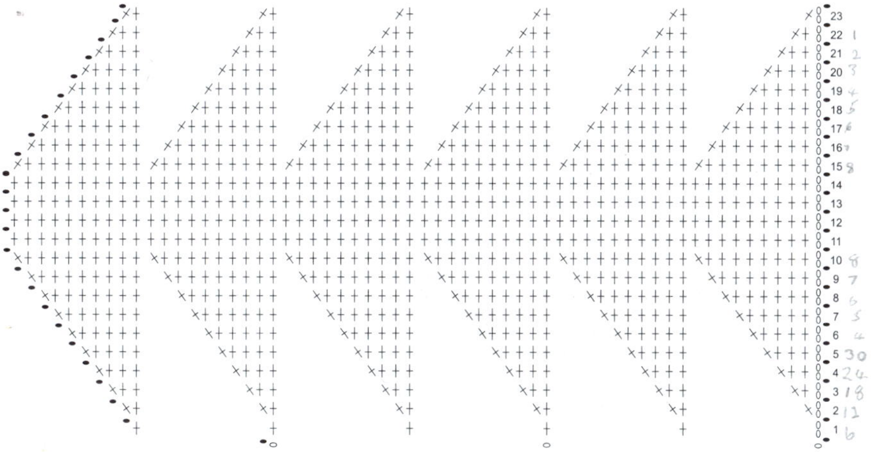

schéma 4

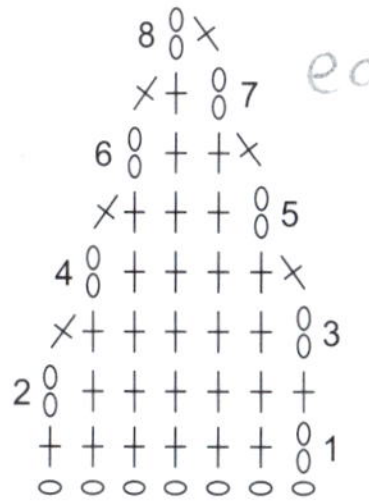

schéma 5

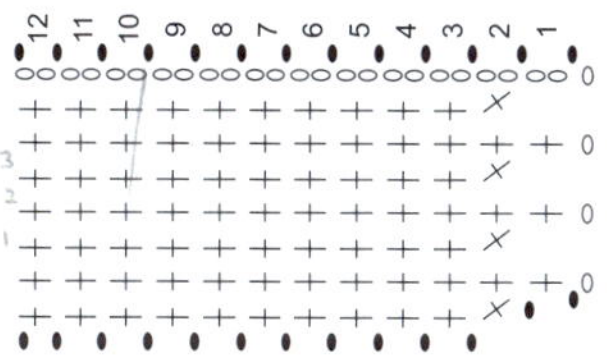

schéma 2

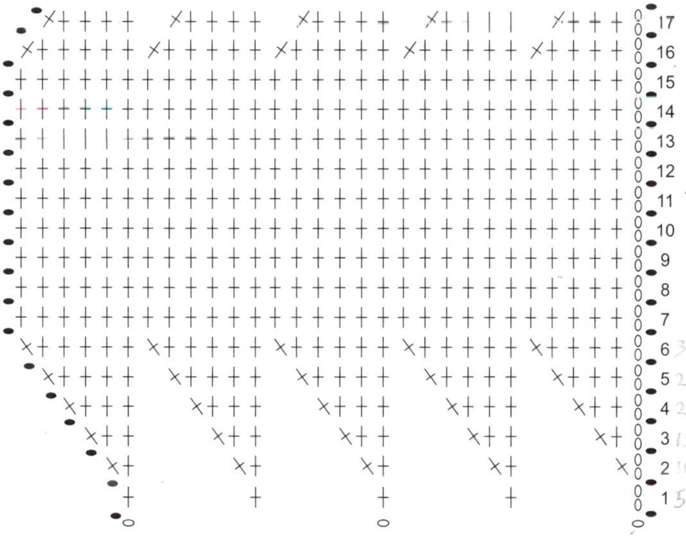

schéma 3

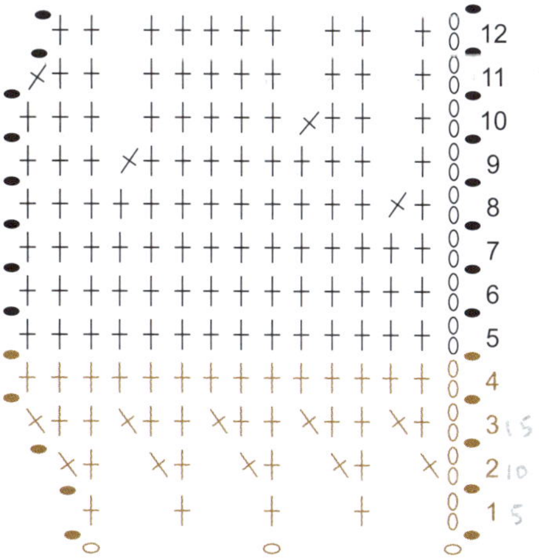

Un amour de chat

- ✂ Dimension : hauteur 19 cm
- ✂ Fil : 100 % coton (pelote 50 g, 165 m), 30 g de crème, quelques longueurs de noir, 100 % laine (pelote 100 g, 300 m), 30 g de rouge, 20 g de pourpre
- ✂ Crochet : 2 mm
- ✂ Niveau de difficulté : ☆☆☆
- ✂ Temps de réalisation : 4 heures

AVERTISSEMENT

N'UTILISEZ JAMAIS DE BOURRE POUR LES DOUDOUS QUE VOUS DESTINEZ AUX ENFANTS, SAUF SOUS LA FORME DE POCHES DE BOURRE FERMÉES, RÉALISÉES PAR DES PROFESSIONNELS ET RESPECTANT LES NORMES EN VIGUEUR SUR LA SÉCURITÉ DES JOUETS.

dessin

Crocheter le cœur en rond, en suivant le schéma 1. Crocheter la tête en suivant le schéma 2, coudre l'ouverture entre les oreilles (la couture figure en rouge sur le schéma). Crocheter les pattes (2 éléments) en rond, en suivant le schéma 3. Crocheter la queue en rond, en suivant le schéma 4. Coudre tous les éléments comme indiqué sur le dessin. Coudre le museau et les pattes avec du fil noir (dessin).

schéma 1

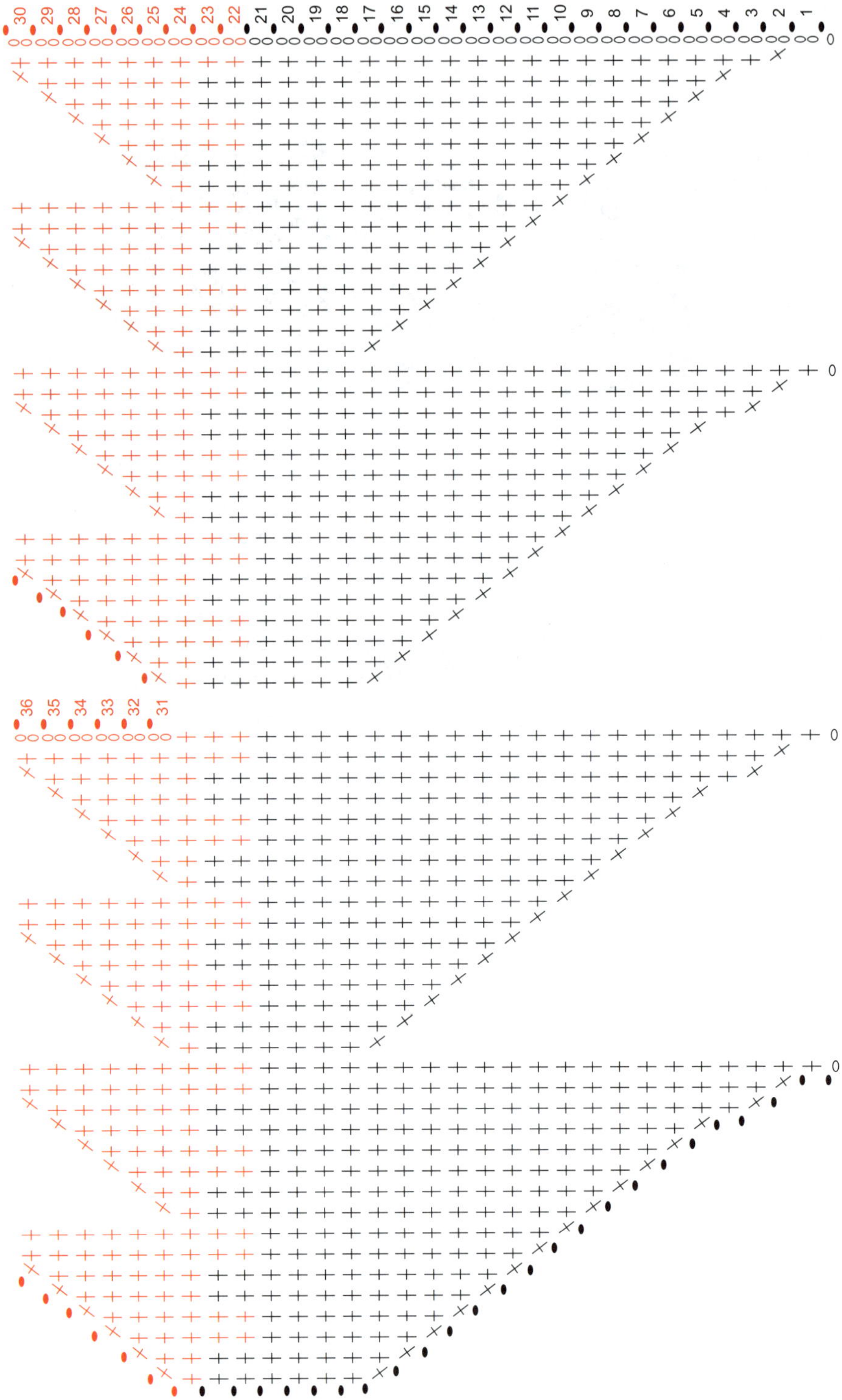

schéma 2

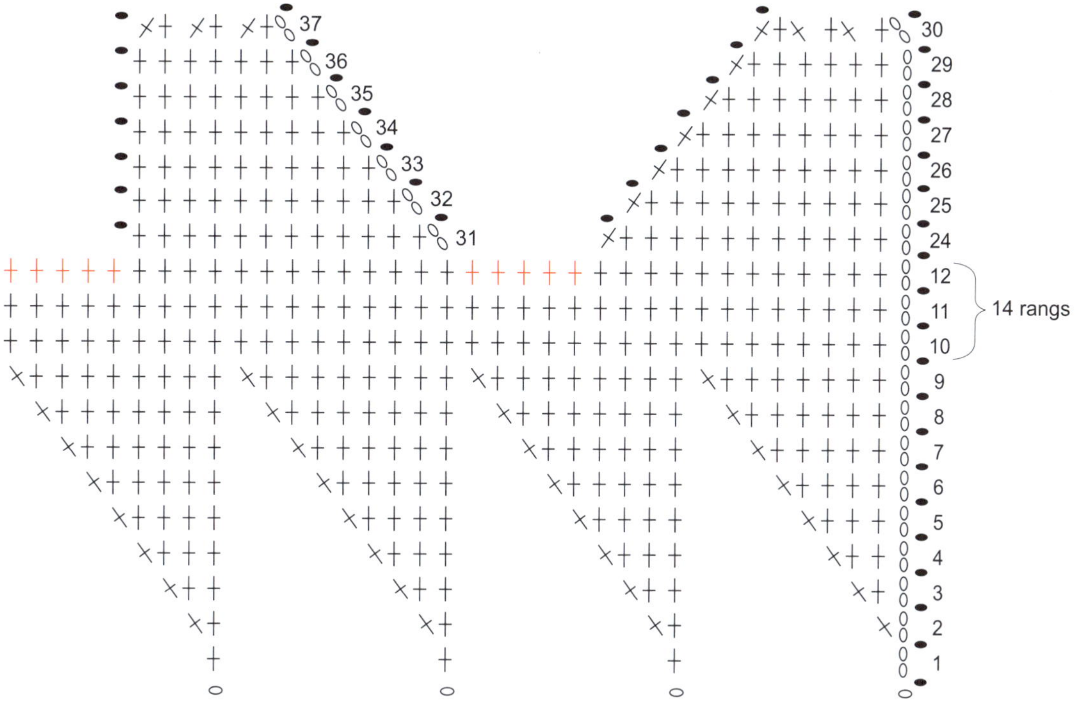

schéma 3

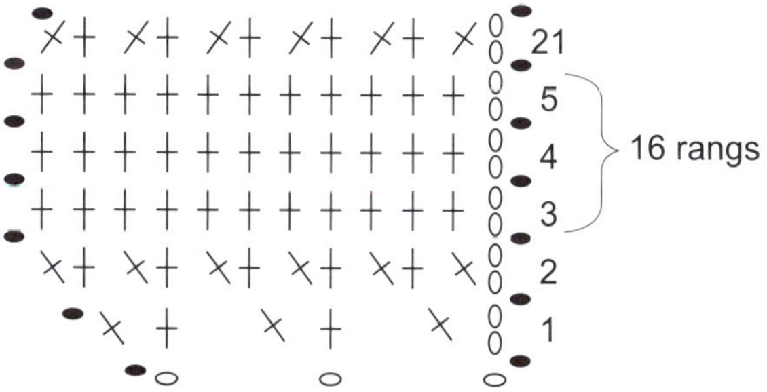

schéma 4

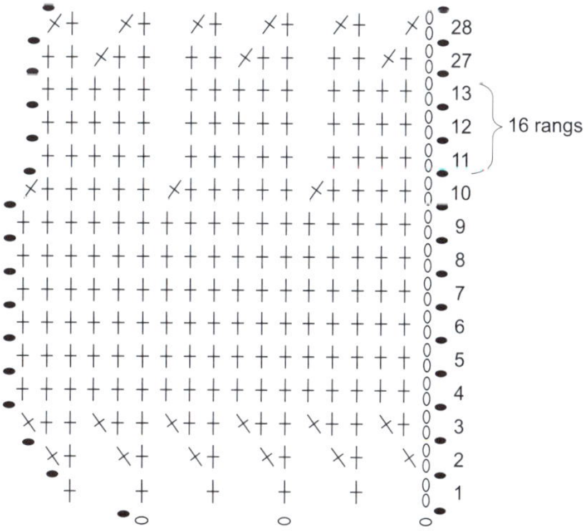

Chat

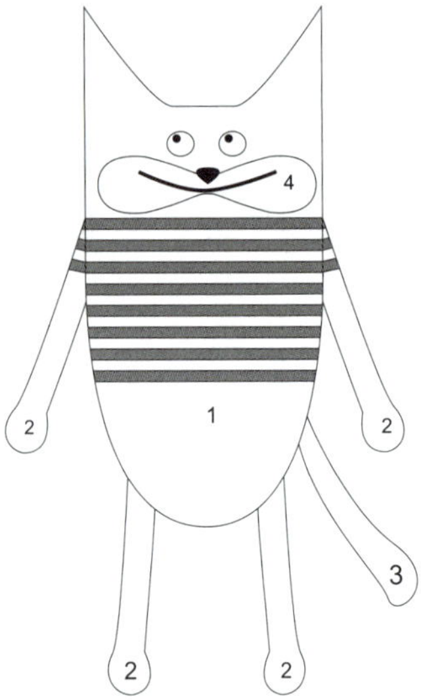

- Dimensions : hauteur 19 cm
- Fil : 100 % coton (pelote 50 g 165 m) 30 g de fil beige, quelques longueurs de fils blanc, bleu et noir
- Crochet : 2 mm
- Niveau de difficulté : ☆☆☆
- Temps de réalisation : 5 heures

AVERTISSEMENT

N'UTILISEZ JAMAIS DE BOURRE POUR LES DOUDOUS QUE VOUS DESTINEZ AUX ENFANTS, SAUF SOUS LA FORME DE POCHES DE BOURRE FERMÉES, RÉALISÉES PAR DES PROFESSIONNELS ET RESPECTANT LES NORMES EN VIGUEUR SUR LA SÉCURITÉ DES JOUETS.

Crocheter le corps et la tête en suivant le schéma 1. Crocheter les pattes (2 éléments) en rond, en suivant le schéma 2. Crocheter la queue en rond, en suivant le schéma 3. Crocheter le museau en suivant le schéma 4, serrer par le milieu. Coudre les pattes et la queue au corps, comme indiqué sur le dessin. Coudre l'élément 4 sur la tête (dessin). Avec quelques points de fil blanc, dessiner les yeux comme indiqué sur le dessin. Avec quelques points de fil noir, dessiner les pupilles, le nez et la bouche (dessin).

schéma 1

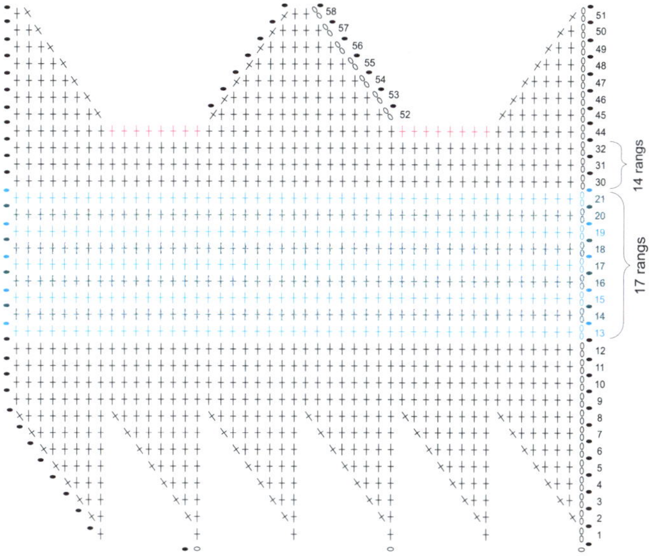

schéma 2

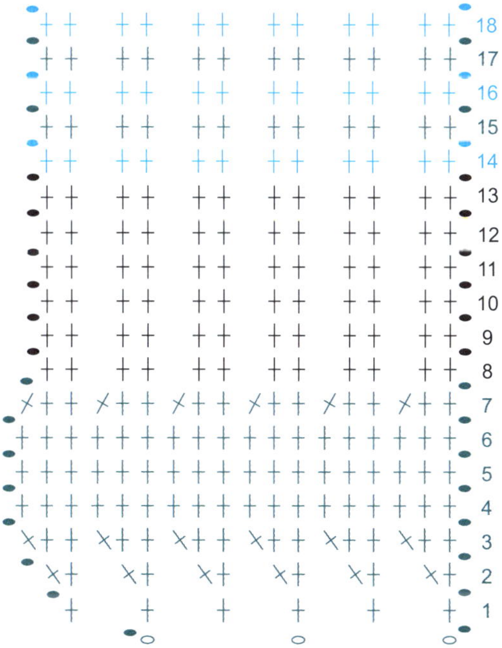

schéma 3

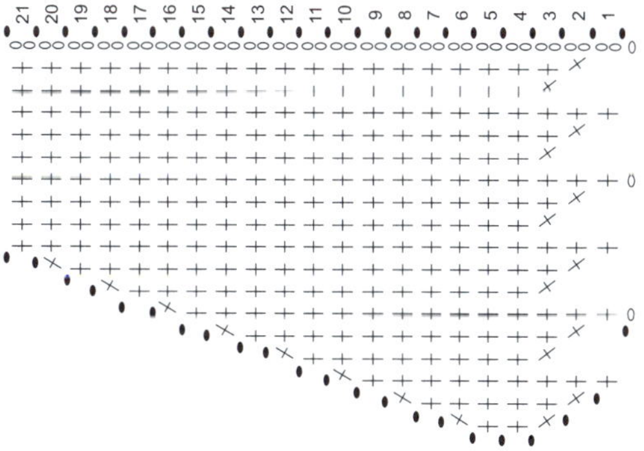

schéma 4

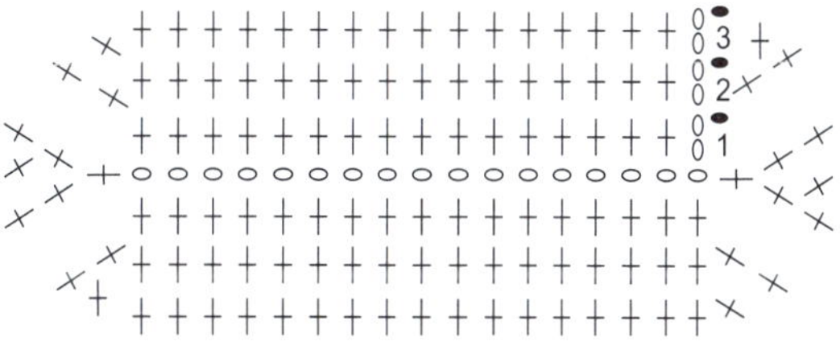

Petit tigre

- Dimensions : hauteur 14 cm, largeur 5 cm
- Fil : 100 % coton (pelote 50 g, 165 m), 30 g d'orange, quelques longueurs de crème, noir, pêche
- Crochet : 2 mm
- Niveau de difficulté : ☆☆☆
- Temps de réalisation : 4 heures

AVERTISSEMENT
N'UTILISEZ JAMAIS DE BOURRE POUR LES DOUDOUS QUE VOUS DESTINEZ AUX ENFANTS, SAUF SOUS LA FORME DE POCHES DE BOURRE FERMÉES, RÉALISÉES PAR DES PROFESSIONNELS ET RESPECTANT LES NORMES EN VIGUEUR SUR LA SÉCURITÉ DES JOUETS.

dessin

Prendre le fil en double épaisseur. Crocheter la tête en rond, en suivant le schéma 1. Crocheter le corps en rond en suivant le schéma 2. Crocheter les pattes (4 éléments) en rond, en suivant le schéma 3. Crocheter le museau en rond, en suivant le schéma 4. Crocheter les oreilles (2 éléments) en suivant le schéma 5. Pour la queue, monter une chaînette de 12 mailles en l'air et crocheter une rangée de mailles serrées dans l'autre sens. Coudre les éléments 1 – 5 entre eux, comme indiqué sur le dessin. Coudre la queue. Avec quelques points de fil noir, dessiner les bandes, les yeux et la bouche (dessin). Avec quelques points de fil pêche, dessiner le nez, comme indiqué sur le dessin.

schéma 2

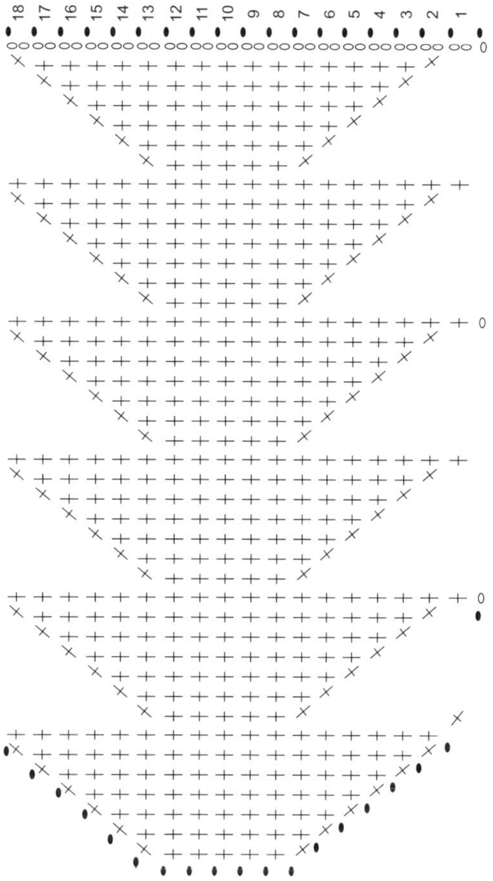

schéma 1

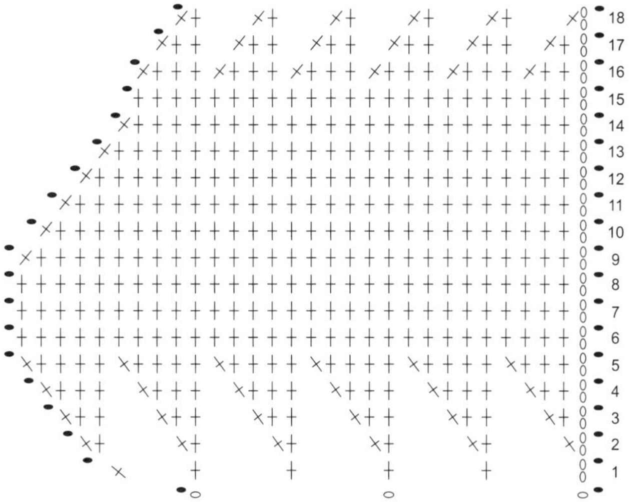

schéma 3

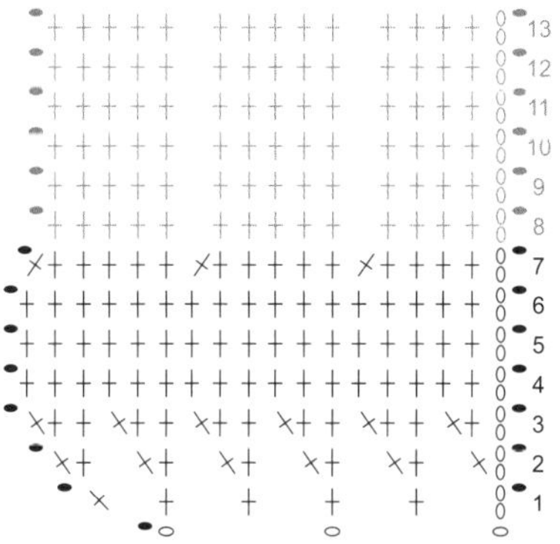

schéma 4

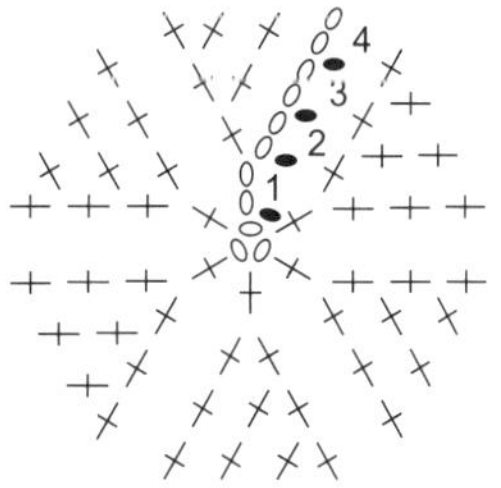

schéma 5

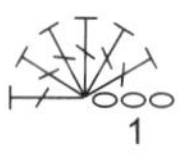

Chat porte-bonheur

- Dimension : hauteur 17 cm
- Fil : 100 % coton (1 pelote de 50 g 165 m) 70 g de laine blanche, les restes de la laine rouge et verte, 96 % microfibre acrylique, 4 % métallique (1 pelote de 50 g 280 m) 20 g de laine dorée
- Crochet : 2 mm
- Niveau de difficulté : ☆☆☆
- Temps de réalisation : 7 heures

AVERTISSEMENT

N'UTILISEZ JAMAIS DE BOURRE POUR LES DOUDOUS QUE VOUS DESTINEZ AUX ENFANTS, SAUF SOUS LA FORME DE POCHES DE BOURRE FERMÉES, RÉALISÉES PAR DES PROFESSIONNELS ET RESPECTANT LES NORMES EN VIGUEUR SUR LA SÉCURITÉ DES JOUETS.

dessin

Crocheter en rond le corps selon le schéma 1. Crocheter en rond les pattes arrière (2 détails) selon le schéma 2. Crocheter les pattes avant (2 détails) selon le schéma 3. Crocheter en rond la queue selon le schéma 4. Crocheter les oreilles (4 détails) selon le schéma 5. Crocheter le museau (2 détails) selon le schéma 6. Crocheter les yeux (2 détails) selon le schéma 7. Crocheter les prunelles (2 détails) selon le schéma 8. Crocheter le nez selon le schéma 9. Crocheter le cœur (2 détails) selon le schéma 10. Assembler les détails des oreilles par deux et les crocheter en mailles serrées selon le contour. Coudre les prunelles sur les yeux, puis coudre les yeux sur le corps selon le dessin. Coudre les pattes arrière, la queue, les oreilles, les détails du museau et le nez sur le corps. Coudre les extrémités des pattes sur le cœur selon le dessin.

schéma 1

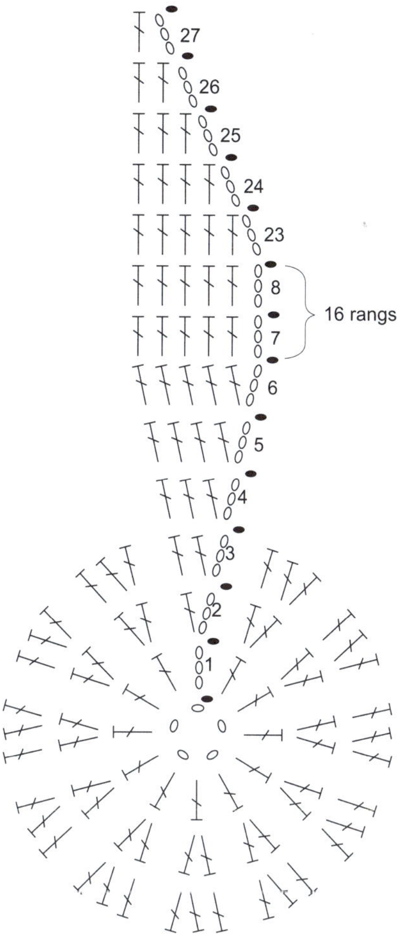

schéma 3

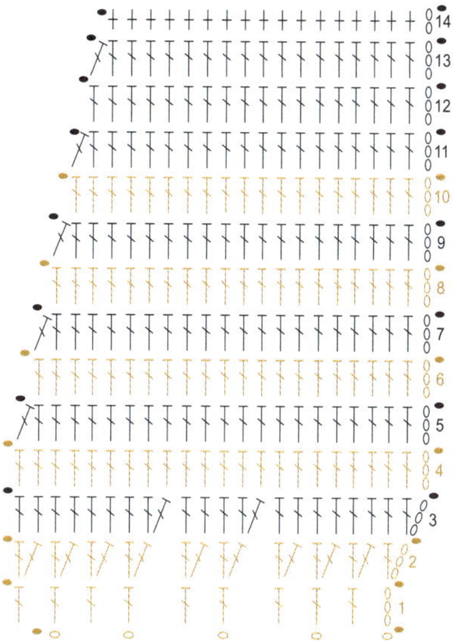

schéma 4

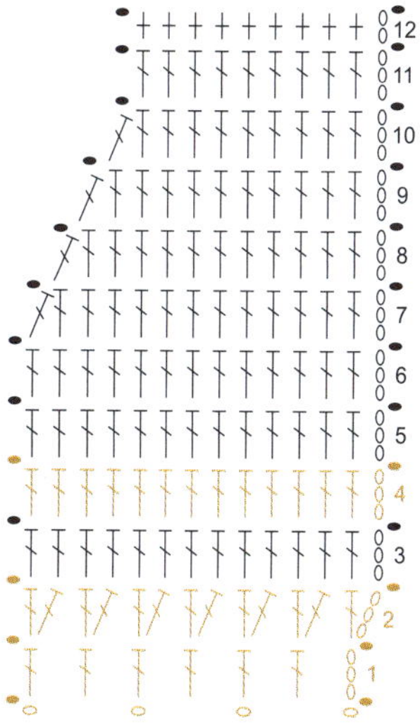

schéma 5

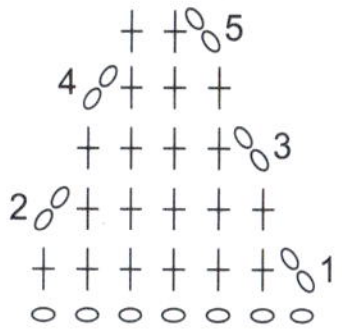

schéma 7

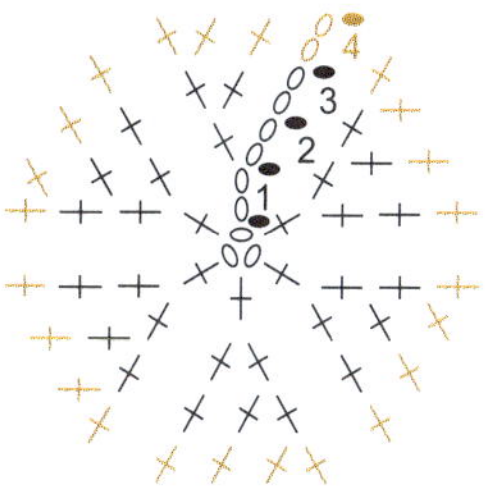

schéma 6

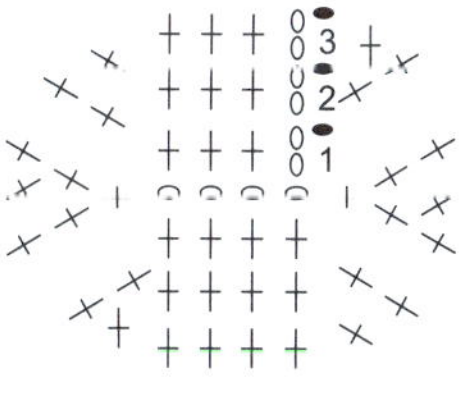

schéma 8

schéma 2

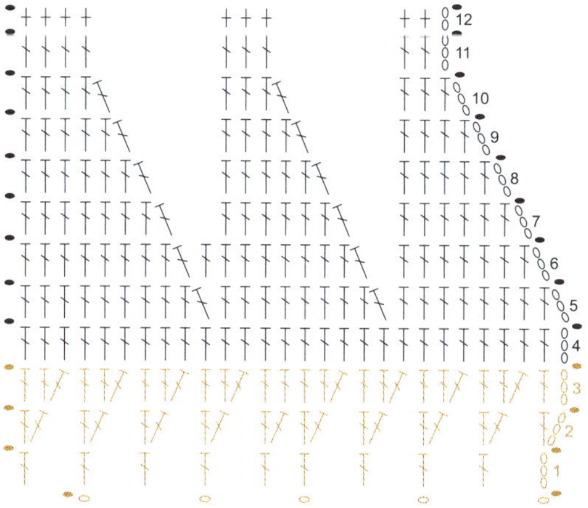

schéma 9

schéma 10

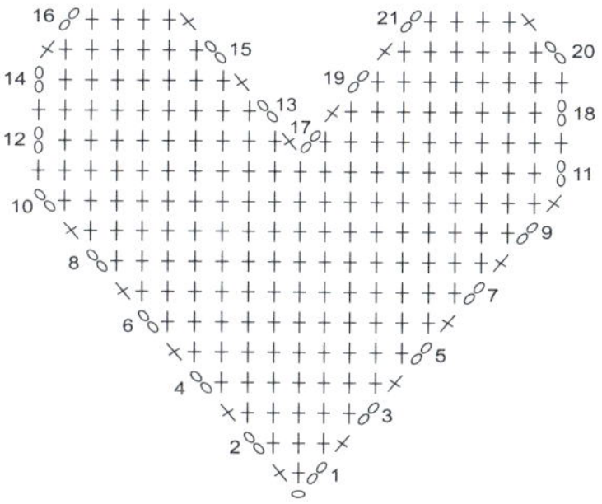

Chien assis

- Dimensions : hauteur 14 cm
- Fils : 100 % coton (pelote 50 g, 165 m), 50 g de fil gris, 20 g de fil blanc, restants de fil noir, de fil rouge et de fil or
- Crochet : 2 mm
- Niveau de difficulté : ☆☆☆
- Temps de réalisation : 5 heures

AVERTISSEMENT

N'UTILISEZ JAMAIS DE BOURRE POUR LES DOUDOUS QUE VOUS DESTINEZ AUX ENFANTS, SAUF SOUS LA FORME DE POCHES DE BOURRE FERMÉES, RÉALISÉES PAR DES PROFESSIONNELS ET RESPECTANT LES NORMES EN VIGUEUR SUR LA SÉCURITÉ DES JOUETS.

Crocheter la tête en rond, suivant le schéma 1. Crocheter le corps en rond, suivant le schéma 2. Crocheter les pattes (4 éléments) en rond, suivant le schéma 3. Crocheter la queue en rond, suivant le schéma 4. Crocheter les oreilles (2 éléments), suivant le schéma 5. Crocheter l'écharpe, suivant le schéma 6.

Coudre tous les éléments ensemble, comme indiqué sur le dessin. Avec du fil gris, broder le bout des pattes (cf. dessin). Avec du fil blanc et du fil noir, broder les yeux. Avec du fil noir, donner sa forme au museau (cf. dessin).

schéma 1

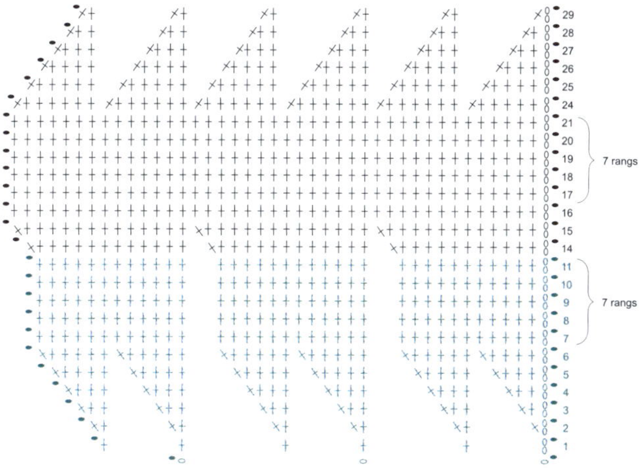

schéma 3

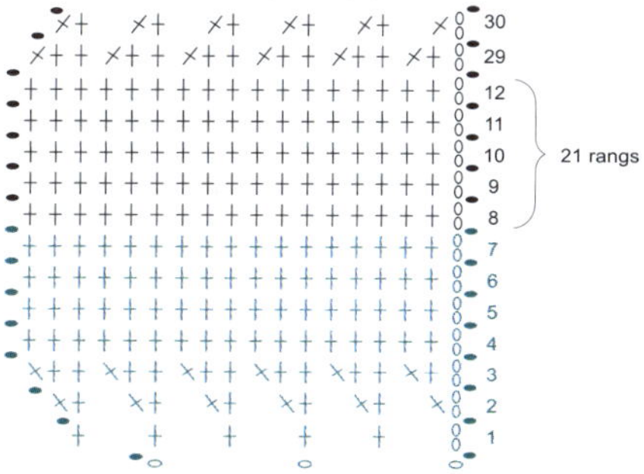

schéma 2

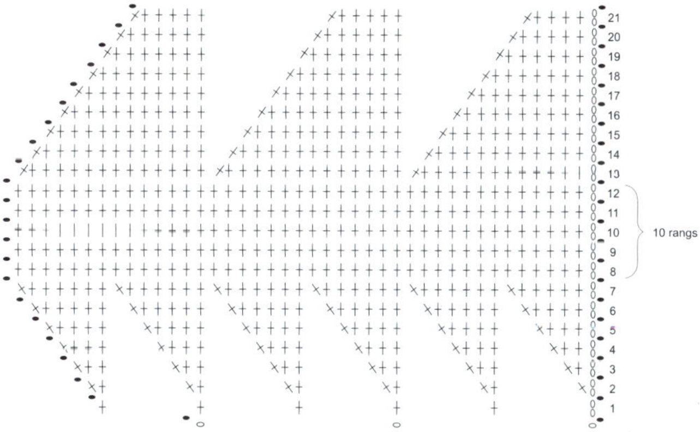

schéma 4

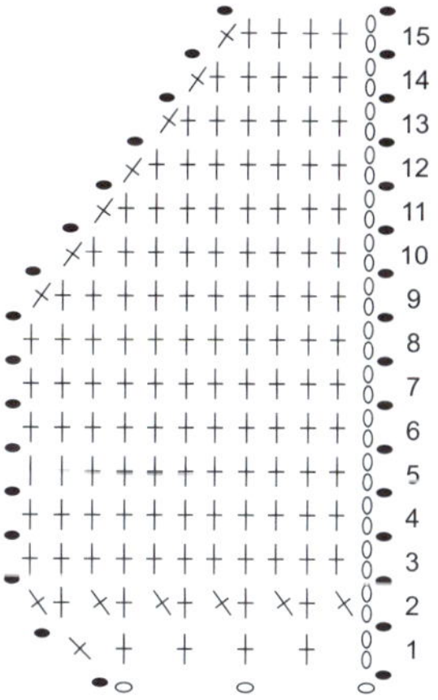

schéma 5

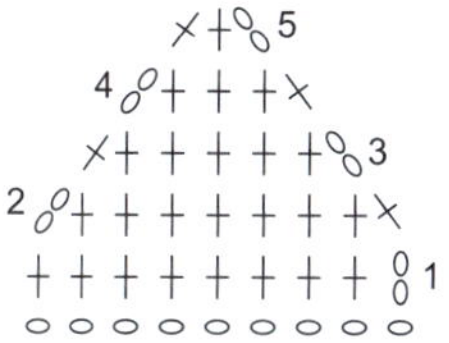

schéma 6

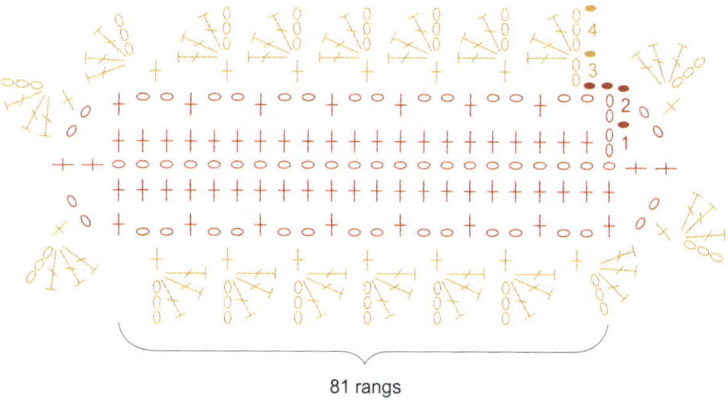

Mouton

dessin

- Dimensions : hauteur 15 cm
- Fils : 100 % coton (pelote 50 g, 165 m), 150 g de fil blanc, restants de fil rouge et de fil noir, et 49 % laine 51 % acrylique (pelote 100 g, 240 m), 30 g de marron clair
- Crochets : 2 mm et 3 mm
- Niveau de difficulté : ☆☆☆☆
- Temps de réalisation : 8 heures

AVERTISSEMENT

N'UTILISEZ JAMAIS DE BOURRE POUR LES DOUDOUS QUE VOUS DESTINEZ AUX ENFANTS, SAUF SOUS LA FORME DE POCHES DE BOURRE FERMÉES, RÉALISÉES PAR DES PROFESSIONNELS ET RESPECTANT LES NORMES EN VIGUEUR SUR LA SÉCURITÉ DES JOUETS.

Crocheter les éléments 1 et 4 avec du fil en double épaisseur. Crocheter tous les éléments sauf le bonnet au crochet de 2 mm, crocheter le bonnet avec le crochet de 3 mm. Crocheter le corps en rond, suivant le schéma 1. Crocheter la tête en rond, suivant le schéma 2. Crocheter les pattes (4 éléments) en rond, suivant le schéma 3. Crocheter les oreilles (2 éléments) en rond, suivant le schéma 4. Crocheter le bonnet en rond, suivant le schéma 5, effectuer la bordure du bonnet avec du fil blanc, au point de maille sans bride. Avec les restants de fil blanc, réaliser le gland et le coudre au sommet du bonnet, comme indiqué sur le dessin. Coudre tous les éléments ensemble (cf. dessin). Avec du fil noir, broder le museau comme indiqué sur le dessin.

schéma 1

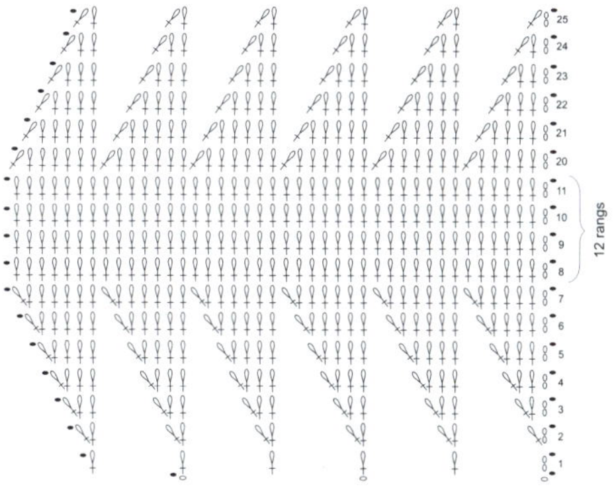

schéma 2

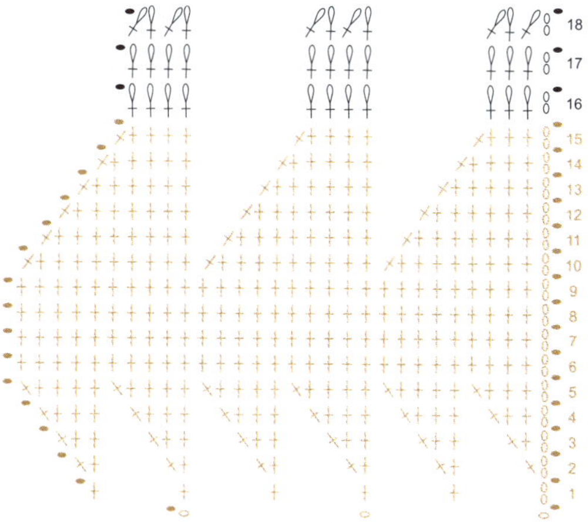

schéma 3

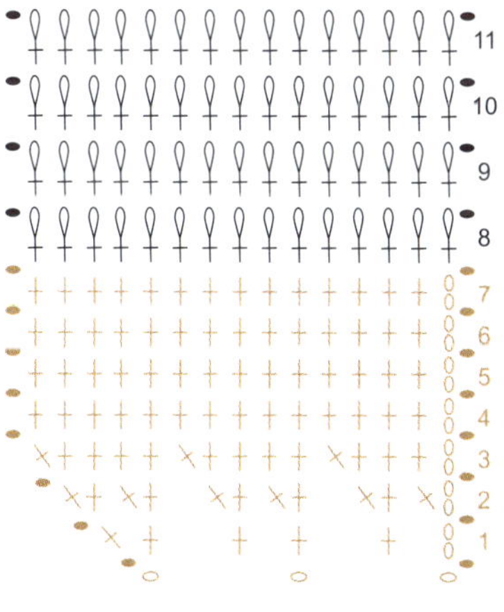

schéma 4

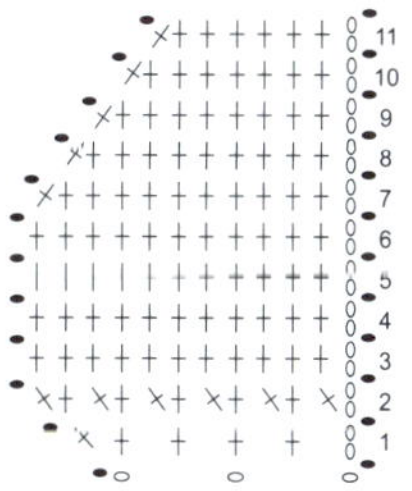

schéma 5

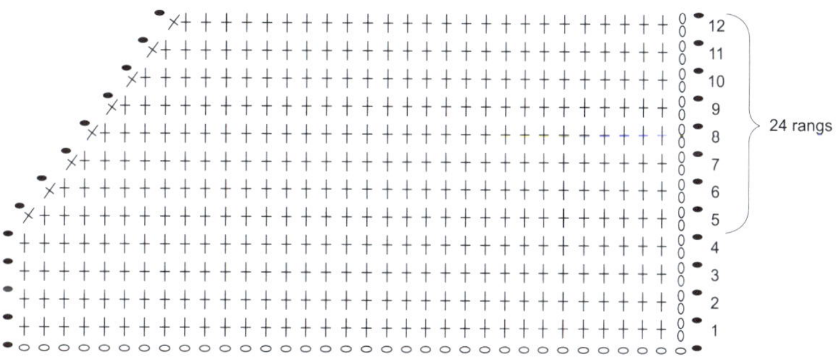

Zèbre

- Dimensions : hauteur 20 cm
- Fils : 100 % coton (pelote 50 g, 165 m), 40 g de blanc, 40 g de gris, 55 % coton, 45 % polyacrylique (pelote 50 g, 160 m), 20 g de noir
- Crochet : 2 mm
- Niveau de difficulté : ☆☆☆
- Temps de réalisation : 6 heures

AVERTISSEMENT

N'UTILISEZ JAMAIS DE BOURRE POUR LES DOUDOUS QUE VOUS DESTINEZ AUX ENFANTS, SAUF SOUS LA FORME DE POCHES DE BOURRE FERMÉES, RÉALISÉES PAR DES PROFESSIONNELS ET RESPECTANT LES NORMES EN VIGUEUR SUR LA SÉCURITÉ DES JOUETS.

Crocheter le corps en rond, en suivant le schéma 1. Crocheter la tête en rond, en suivant le schéma 2. Crocheter les pattes (4 éléments) en rond, en suivant le schéma 3. Crocheter les yeux (2 éléments) en suivant le schéma 4. Crocheter la crinière en suivant le schéma 5. Pour la queue, monter une rangée de mailles en l'air, puis crocheter une rangée de mailles serrées dans l'autre sens, prendre le fil en double épaisseur. Coudre les éléments entre eux, comme indiqué sur le dessin.

schéma 1

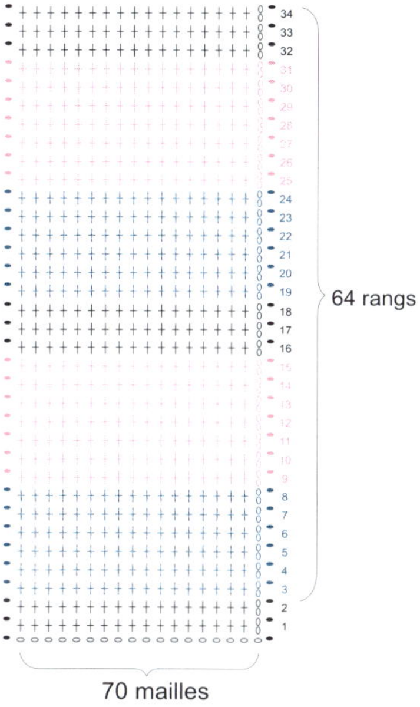

schéma 2

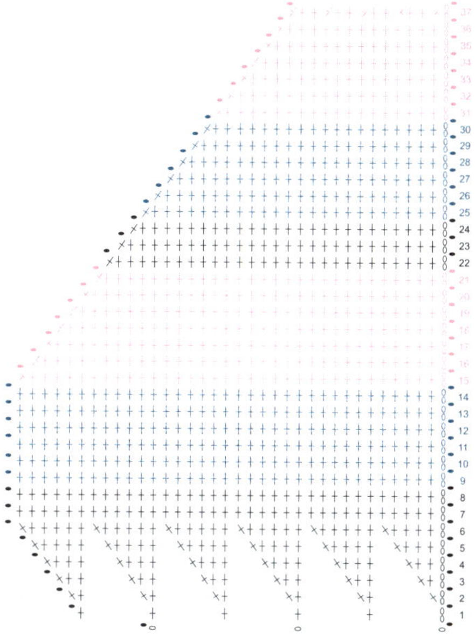

schéma 4

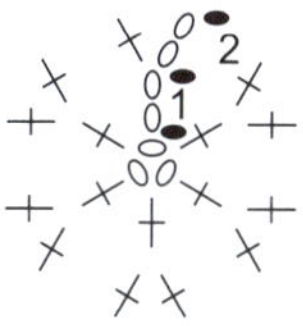

schéma 3

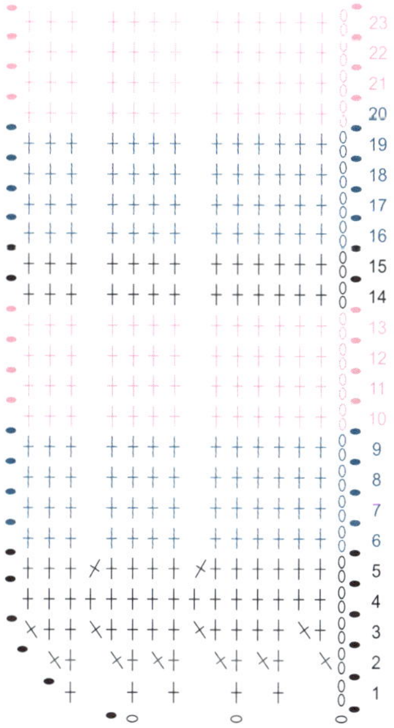

schéma 5

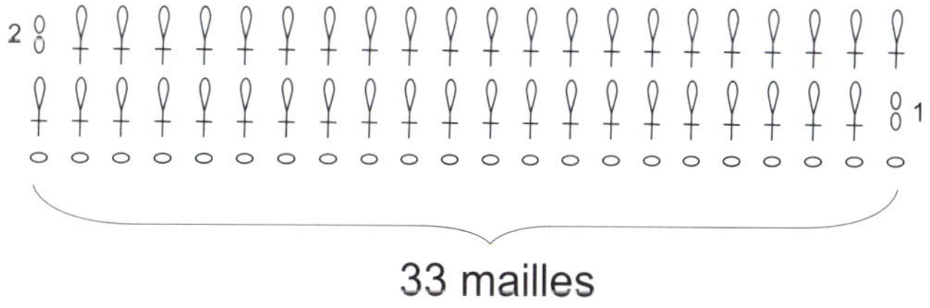

dessin

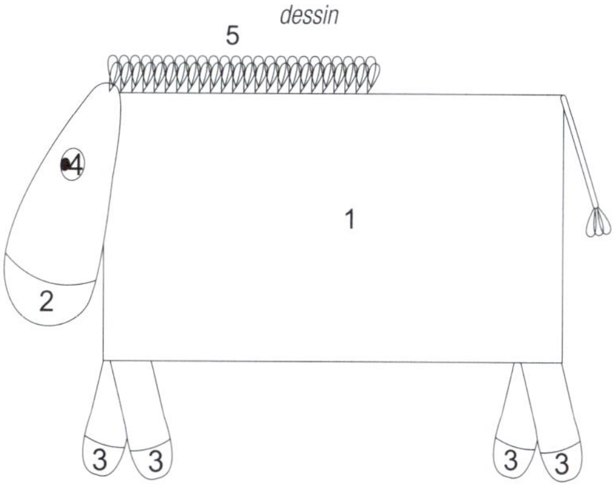

Lapinou rose

- Dimension : hauteur 14 cm
- Fil : 100 % coton (pelote 50 g, 165 m), 50 g de rose, quelques longueurs de crème, de noir et de gris
- Crochet : 2,5 mm
- Niveau de difficulté : ☆☆
- Temps de réalisation : 4 heures

AVERTISSEMENT

N'UTILISEZ JAMAIS DE BOURRE POUR LES DOUDOUS QUE VOUS DESTINEZ AUX ENFANTS, SAUF SOUS LA FORME DE POCHES DE BOURRE FERMÉES, RÉALISÉES PAR DES PROFESSIONNELS ET RESPECTANT LES NORMES EN VIGUEUR SUR LA SÉCURITÉ DES JOUETS.

dessin

schéma 1

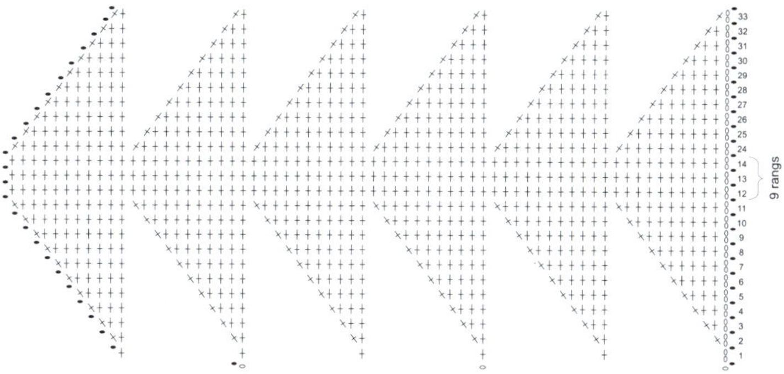

schéma 2

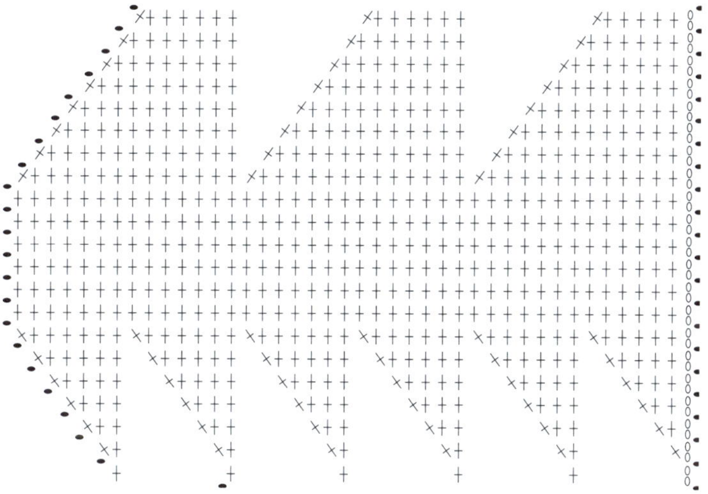

schéma 6

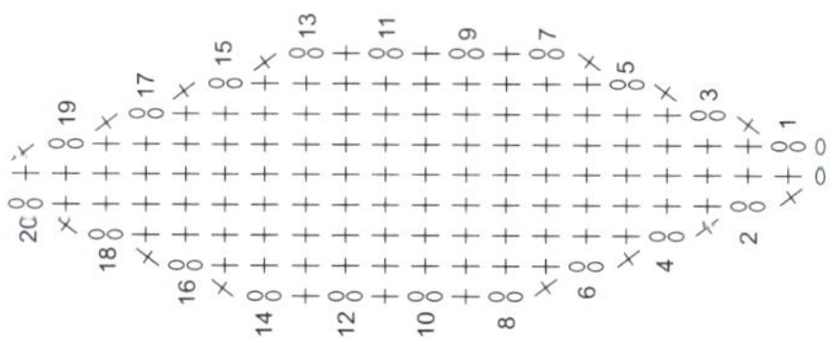

schéma 3

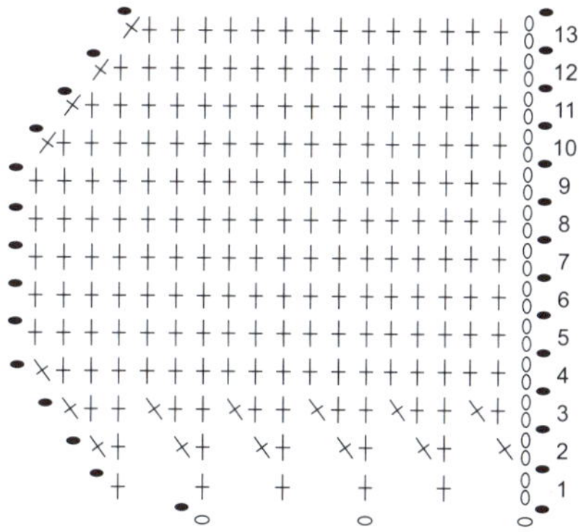

schéma 4

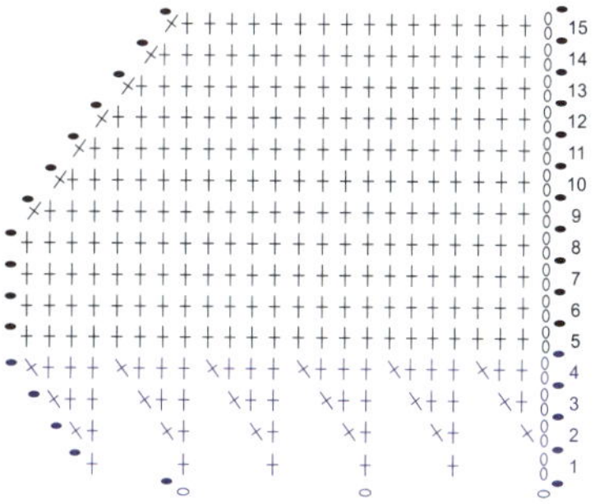

schéma 5

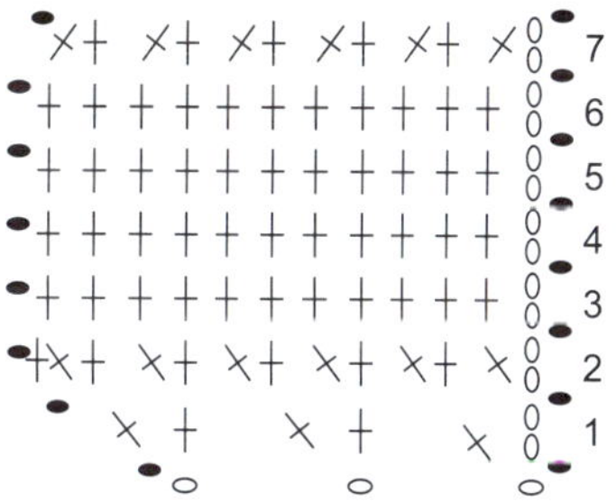

Crocheter la tête en rond, en suivant le schéma 1. Crocheter le corps en rond, en suivant le schéma 2. Crocheter les pattes supérieures (2 éléments) en rond, en suivant le schéma 3. Crocheter les pattes inférieures (2 éléments) en rond, en suivant le schéma 4. Crocheter la queue en rond, en suivant le schéma 5. Crocheter les oreilles (4 éléments), en suivant le schéma 6. Coudre les éléments des oreilles entre eux, avec des mailles serrées sur l'endroit. Coudre les éléments 1 – 6 entre eux, comme indiqué sur le dessin. Avec quelques points de fil noir, dessiner les yeux ; avec du fil gris, les sourcils et le nez, comme indiqué sur le dessin.

Doux renard

- ✂ Dimension : hauteur 16 cm
- ✂ Fil : 100 % coton (pelote 50 g, 165 m), 20 g utilisés pour le fil de couleur blanc cassé et la même quantité utilisée pour le fil de couleur orange, restant de fil de couleur noire
- ✂ Crochet : 2 mm
- ✂ Niveau de difficulté : ☆☆
- ✂ Temps de réalisation : 5 heures

AVERTISSEMENT

N'UTILISEZ JAMAIS DE BOURRE POUR LES DOUDOUS QUE VOUS DESTINEZ AUX ENFANTS, SAUF SOUS LA FORME DE POCHES DE BOURRE FERMÉES, RÉALISÉES PAR DES PROFESSIONNELS ET RESPECTANT LES NORMES EN VIGUEUR SUR LA SÉCURITÉ DES JOUETS.

Crocheter le corps en rond suivant le schéma 1. Crocheter la tête en rond suivant le schéma 2. Crocheter les pattes (4 éléments) suivant le schéma 3. Crocheter la queue en rond suivant le schéma 4. Crocheter les oreilles (2 éléments) suivant le schéma 5. Crocheter le nœud suivant le schéma 6. Crocheter le nez suivant le schéma 7. Effectuer la bordure des oreilles au point écrevisse. Resserrer le nœud en son milieu. Coudre ensemble les éléments 1 à 7, comme indiqué sur le dessin. Broder les yeux avec du fil noir, comme indiqué sur le dessin. Confectionner deux moustaches avec du fil de couleur orange et former le museau du renard (voir dessin).

schéma 1

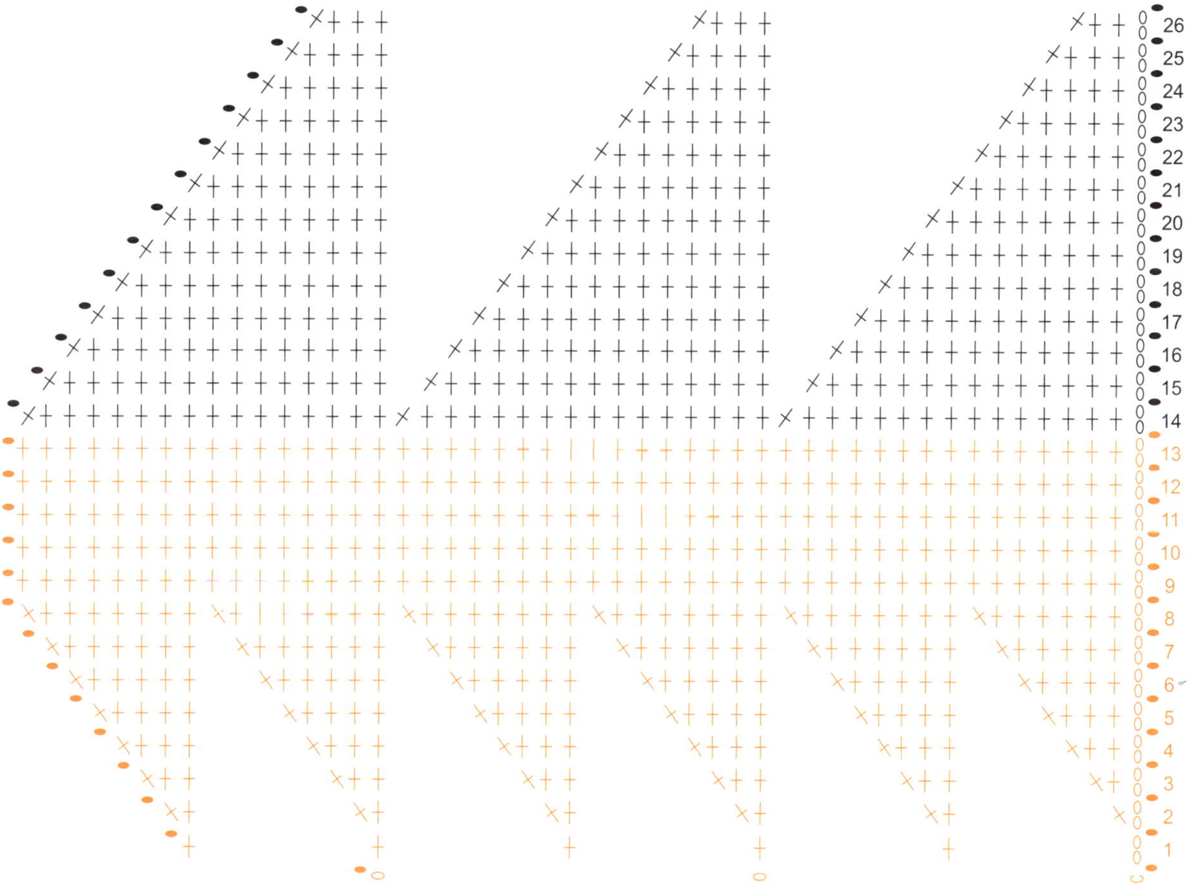

Chien de Noël

dessin

- Dimensions : hauteur 13 cm
- Fils : 100 % coton (pelote 50 g, 165 m), 20 g de marron clair, quelques longueurs de noir, rouge, blanc et doré
- Crochet : 1,5 mm
- Niveau de difficulté : ☆☆
- Temps de réalisation : 4 heures

AVERTISSEMENT

N'UTILISEZ JAMAIS DE BOURRE POUR LES DOUDOUS QUE VOUS DESTINEZ AUX ENFANTS, SAUF SOUS LA FORME DE POCHES DE BOURRE FERMÉES, RÉALISÉES PAR DES PROFESSIONNELS ET RESPECTANT LES NORMES EN VIGUEUR SUR LA SÉCURITÉ DES JOUETS.

Crocheter le corps en rond, en suivant le schéma 1. Crocheter la tête en rond, en suivant le schéma 2. Crocheter le museau en suivant le schéma 3. Crocheter les pattes (4 éléments) en rond, en suivant le schéma 4. Crocheter les oreilles (2 éléments) en suivant le schéma 5, réaliser une bordure sur le pourtour, avec des mailles serrées. Crocheter la queue en rond, en suivant le schéma 6. Crocheter le chapeau en rond, en suivant le schéma 7. Coudre tous les éléments entre eux, comme indiqué sur le dessin. Avec quelques points de fil noir, dessiner les yeux et le nez ; avec du fil doré, la boucle du ceinturon et les boutons.

schéma 1

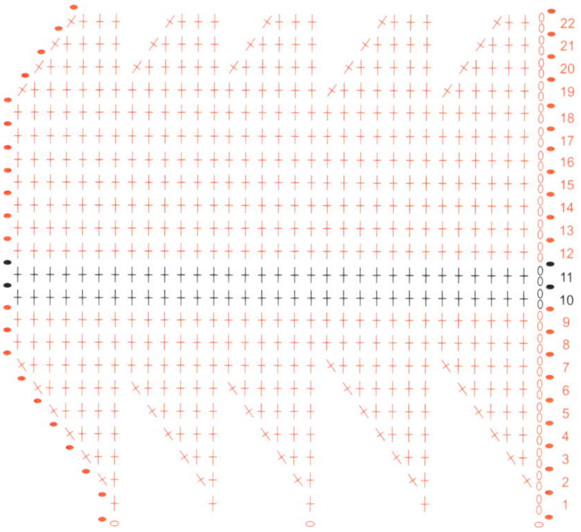

schéma 2

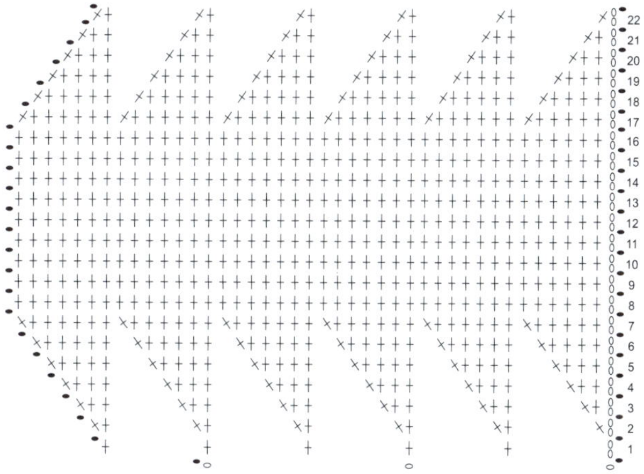

schéma 3

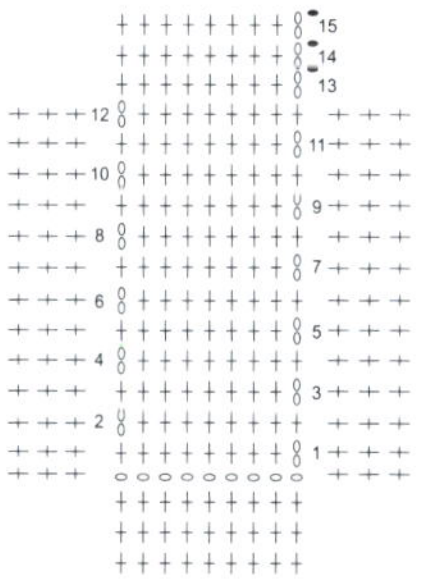

schéma 4

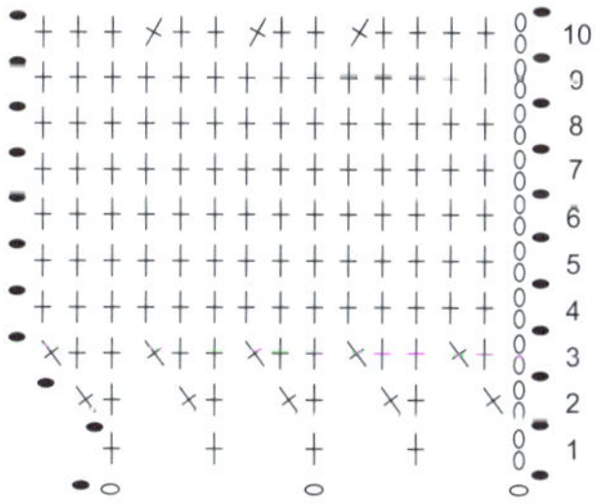

schéma 7

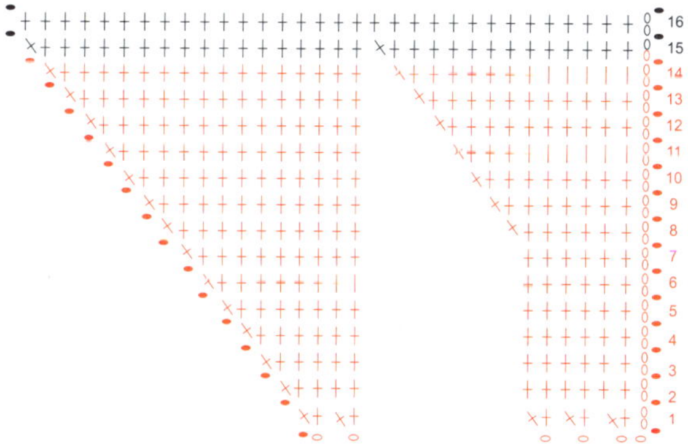

schéma 5

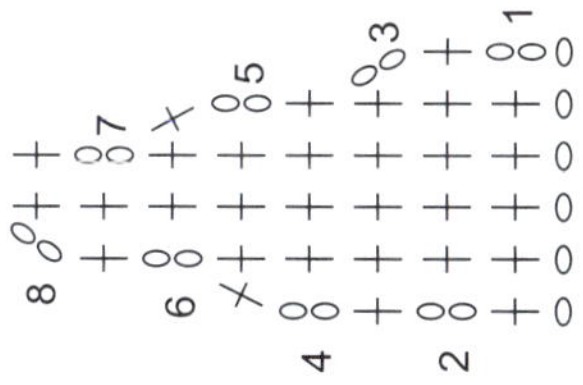

schéma 6

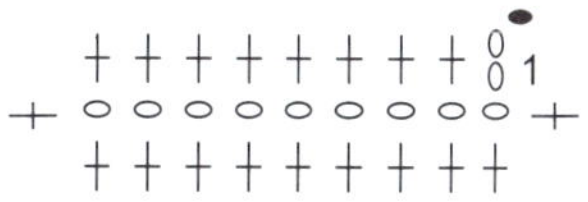

Dalmatien

dessin

- Dimensions : hauteur 16 cm
- Fils : 100 % laine (pelote 100 g, 250 m), 50 g de crème, quelques longueurs de noir, rouge, blanc et doré
- Crochet : 2,5 mm
- Niveau de difficulté : ☆☆☆
- Temps de réalisation : 4 heures

AVERTISSEMENT

N'UTILISEZ JAMAIS DE BOURRE POUR LES DOUDOUS QUE VOUS DESTINEZ AUX ENFANTS, SAUF SOUS LA FORME DE POCHES DE BOURRE FERMÉES, RÉALISÉES PAR DES PROFESSIONNELS ET RESPECTANT LES NORMES EN VIGUEUR SUR LA SÉCURITÉ DES JOUETS.

Crocheter le corps en rond, en suivant le schéma 1. Crocheter la tête en rond, en suivant le schéma 2. Crocheter les pattes avant (2 éléments) en rond, en suivant le schéma 3. Crocheter les pattes arrière (2 éléments) en rond, en suivant les schémas 4 et 5. Crocheter les oreilles (2 éléments) en rond, en suivant le schéma 6. Crocheter le museau en rond, en suivant le schéma 7. Crocheter la queue en rond, en suivant le schéma 8. Crocheter l'écharpe en suivant le schéma 9. Coudre tous les éléments entre eux, comme indiqué sur le dessin. Avec du fil noir et du fil blanc, dessiner les yeux et le museau, comme indiqué sur le dessin. Avec le fil noir, dessiner les taches.

schéma 1

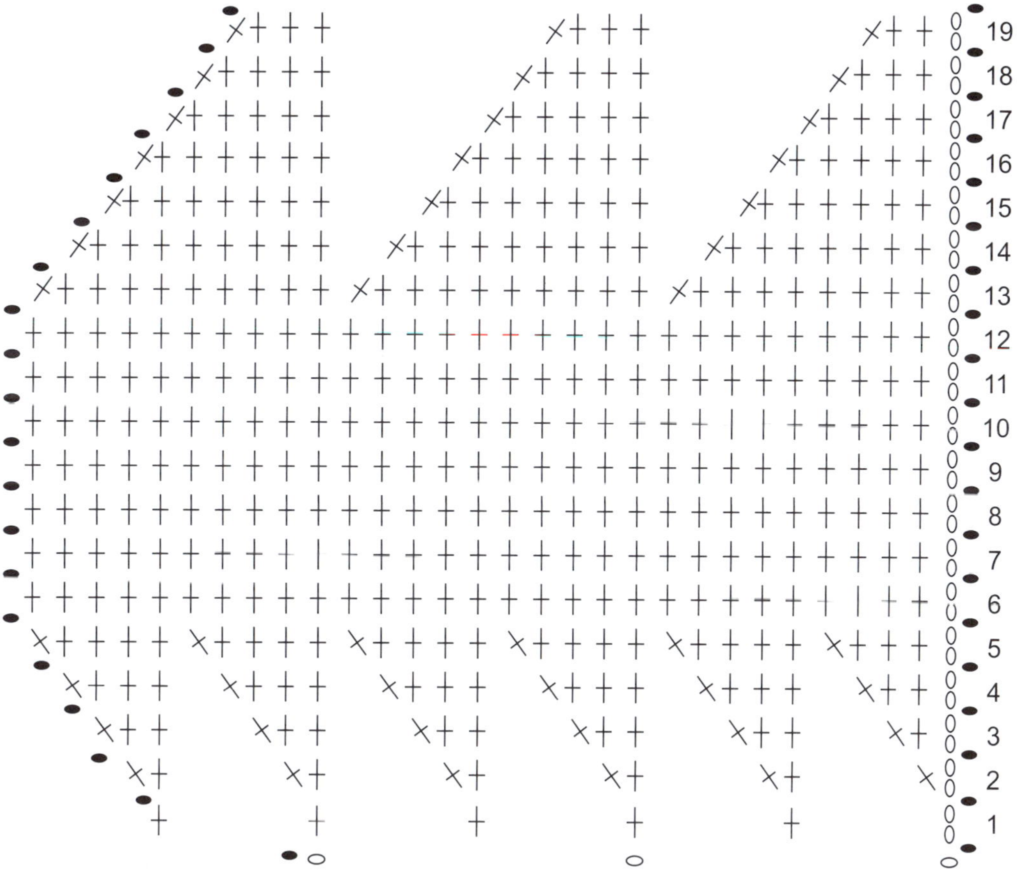

schéma 2

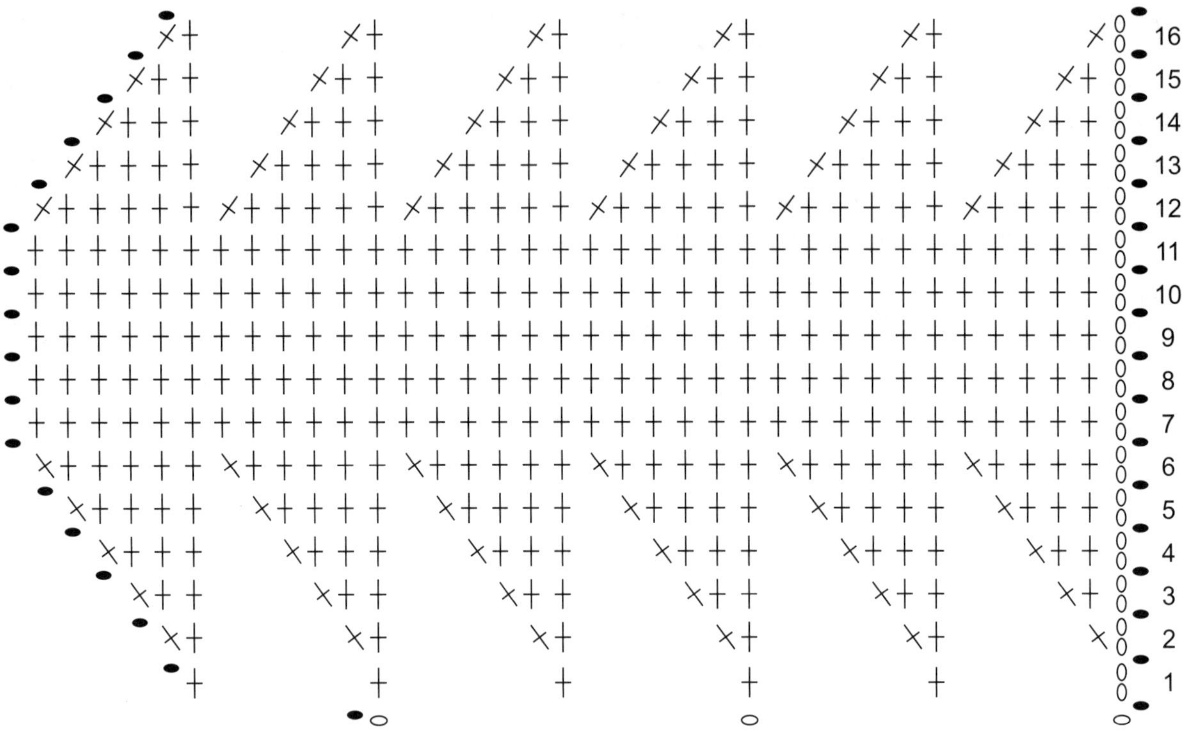

schéma 3

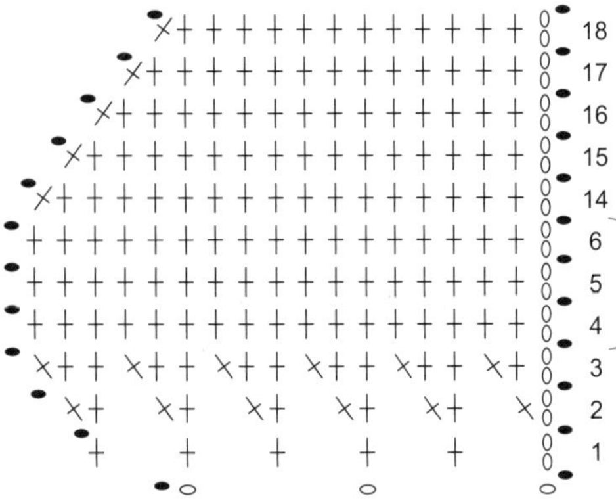

schéma 4

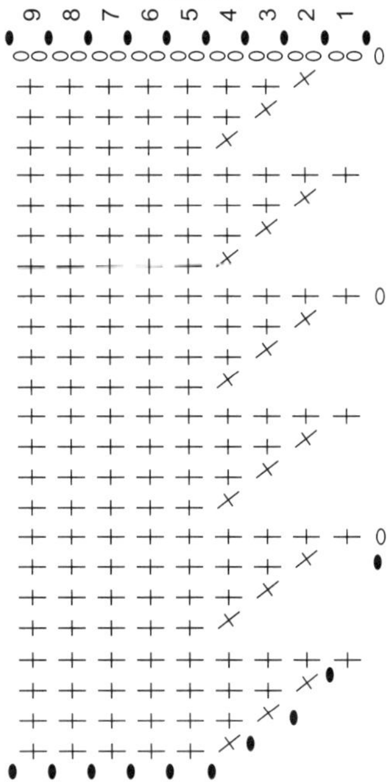

schéma 5

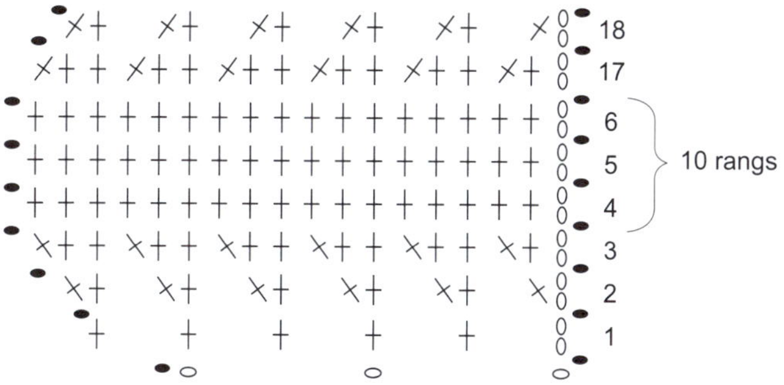

schéma 6

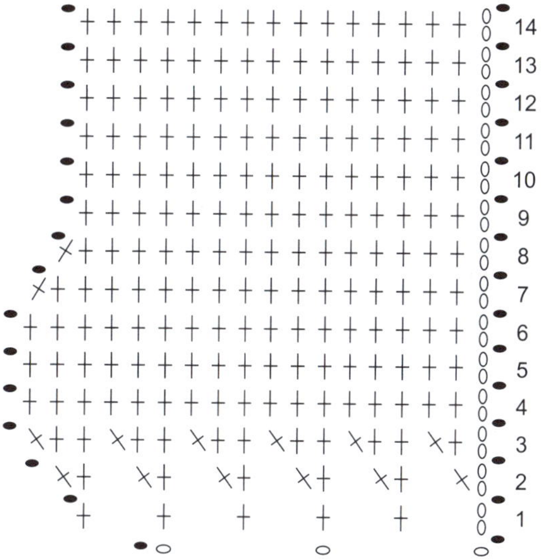

schéma 7

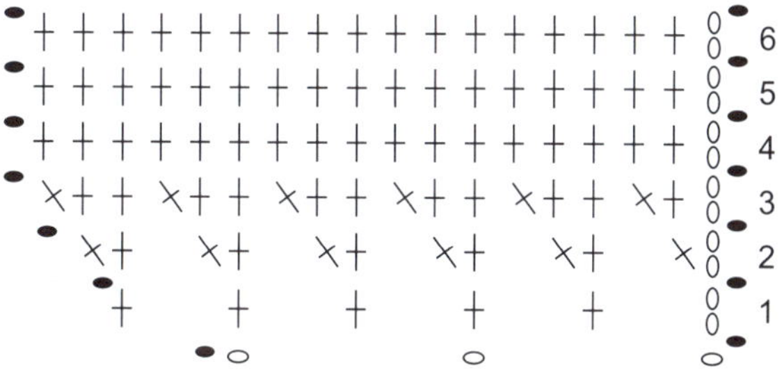

schéma 8

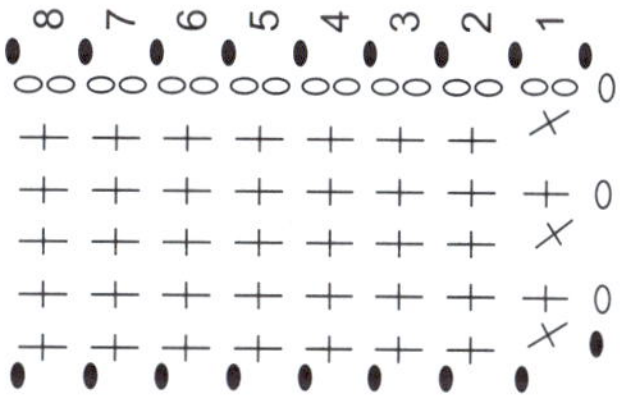

schéma 9

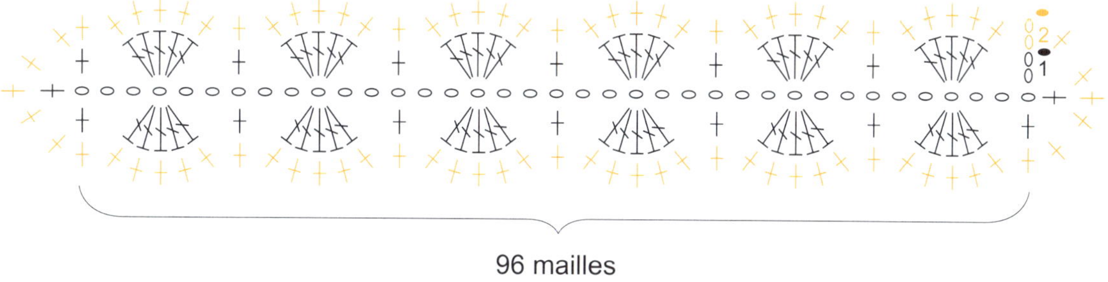

Raton laveur

dessin

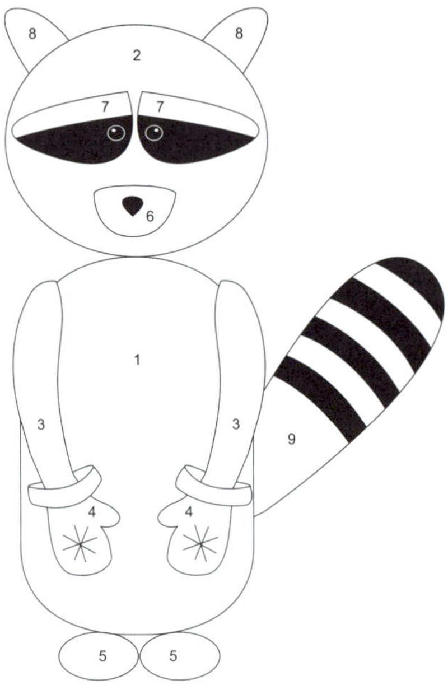

- Dimensions : hauteur 18 cm
- Fils : 100 % coton (pelote 50 g, 165 m), 50 g de gris, quelques longueurs de noir, rouge, doré et blanc
- Crochet : 2 mm
- Niveau de difficulté : ☆☆☆
- Temps de réalisation : 6 heures

AVERTISSEMENT

N'UTILISEZ JAMAIS DE BOURRE POUR LES DOUDOUS QUE VOUS DESTINEZ AUX ENFANTS, SAUF SOUS LA FORME DE POCHES DE BOURRE FERMÉES, RÉALISÉES PAR DES PROFESSIONNELS ET RESPECTANT LES NORMES EN VIGUEUR SUR LA SÉCURITÉ DES JOUETS.

Crocheter le corps en rond, en suivant le schéma 1. Crocheter la tête en rond, en suivant le schéma 2. Commencer à crocheter les pattes supérieures (2 éléments) en rond, en suivant le schéma 3. Terminer la réalisation des pattes supérieures (2 éléments) en rond, en suivant le schéma 4. Crocheter les pattes inférieures (2 éléments) en suivant le schéma 5. Crocheter le nez en rond, en suivant le schéma 6. Crocheter les yeux (2 éléments) en suivant le schéma 7. Crocheter les oreilles (2 éléments) en rond, en suivant le schéma 8. Crocheter la queue en rond, en suivant le schéma 9. Coudre tous les éléments entre eux, comme indiqué sur le dessin. Avec quelques points de fil noir, dessiner le nez. Avec quelques points de fil doré, dessiner les flocons de neige sur les gants, comme indiqué sur le dessin. Avec quelques points de fil noir et de fil blanc, faire les yeux.

schéma 1

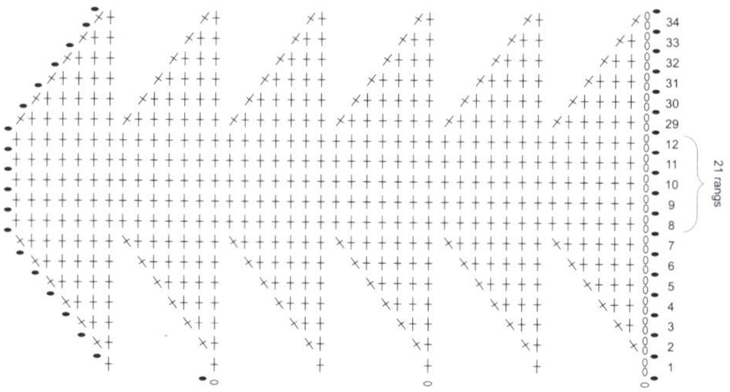

schéma 2

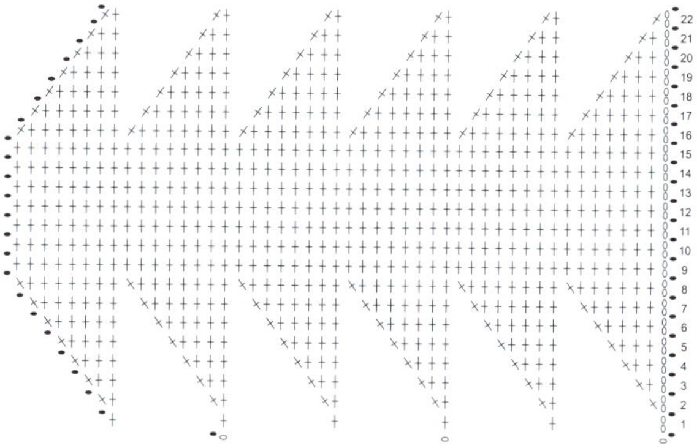

schéma 3

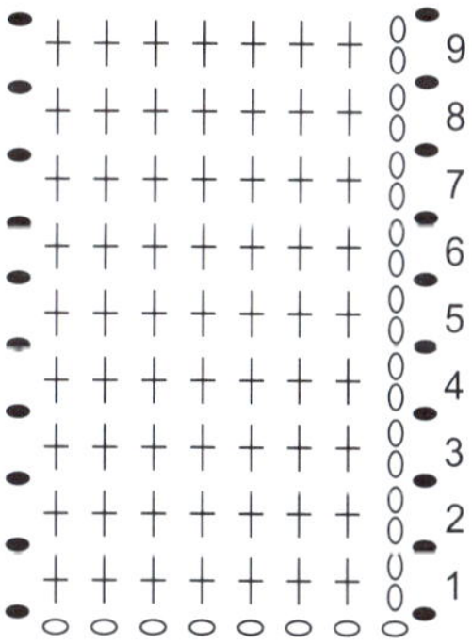

schéma 4

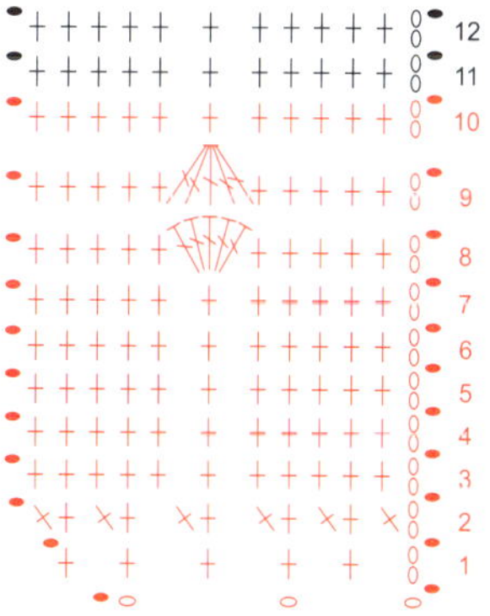

schéma 5

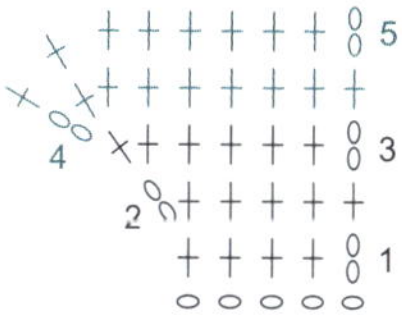

schéma 6

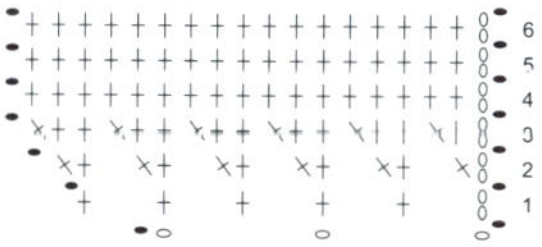

schéma 7

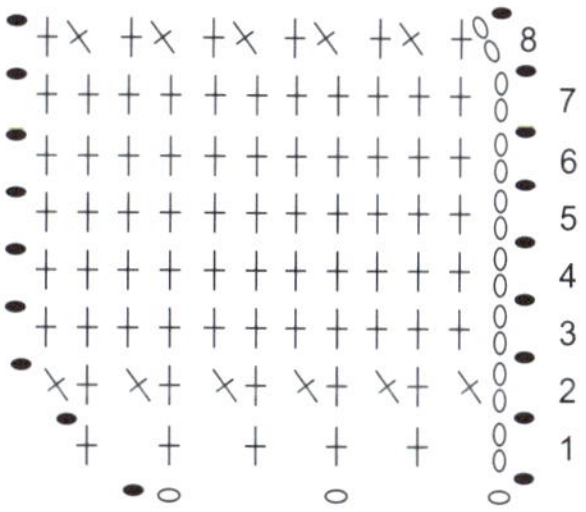

schéma 8

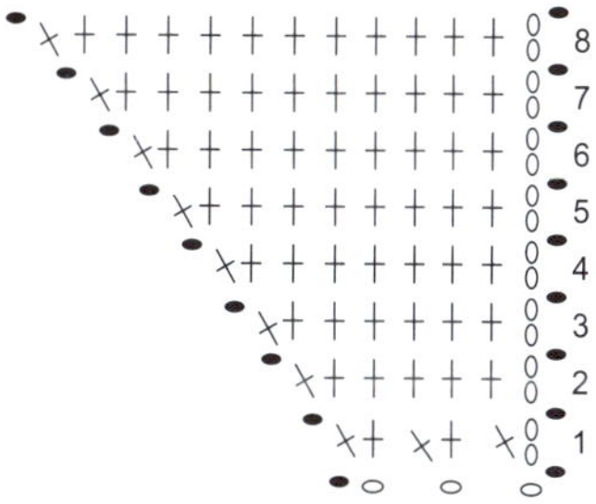

schéma 9

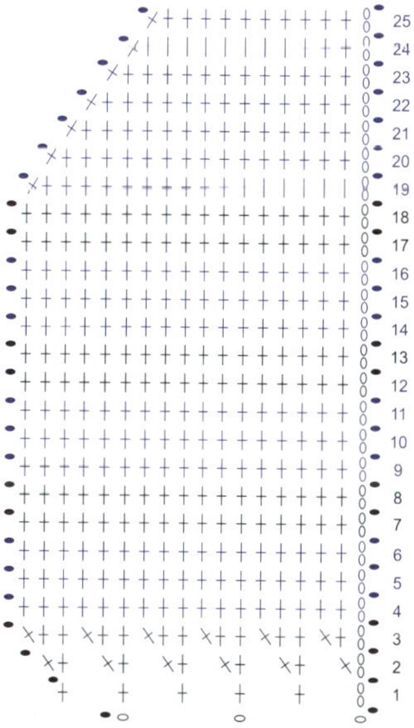

Écureuil

- Dimension : hauteur 15 cm
- Fil : 100 % lin (1 pelote de 50 g 180 m) 70 g de laine beige, 100 % coton (1 pelote de 50 g 165 m) 20 g de laine rouge et blanche, les restes de la laine noire, 70 % polyester, 30 % métallique (1 pelote de 20 g 190 m) 20 g de laine dorée
- Crochets : 2 mm et 3 mm
- Niveau de difficulté : ☆☆☆
- Temps de réalisation : 8 heures

AVERTISSEMENT

N'UTILISEZ JAMAIS DE BOURRE POUR LES DOUDOUS QUE VOUS DESTINEZ AUX ENFANTS, SAUF SOUS LA FORME DE POCHES DE BOURRE FERMÉES, RÉALISÉES PAR DES PROFESSIONNELS ET RESPECTANT LES NORMES EN VIGUEUR SUR LA SÉCURITÉ DES JOUETS.

schéma 3

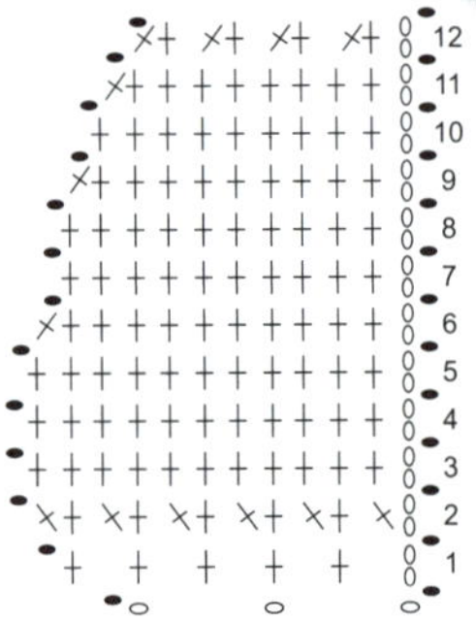

schéma 8

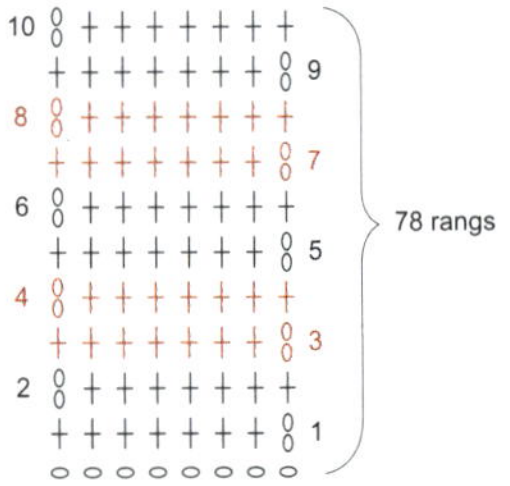

dessin

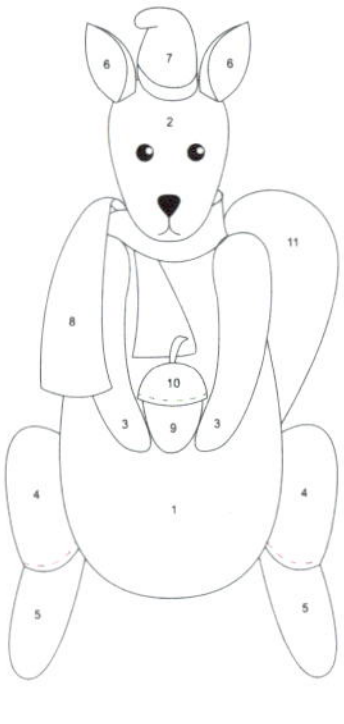

schéma 10

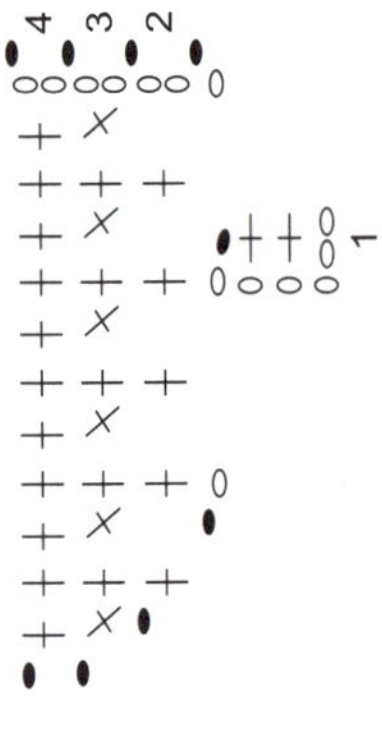

schéma 1

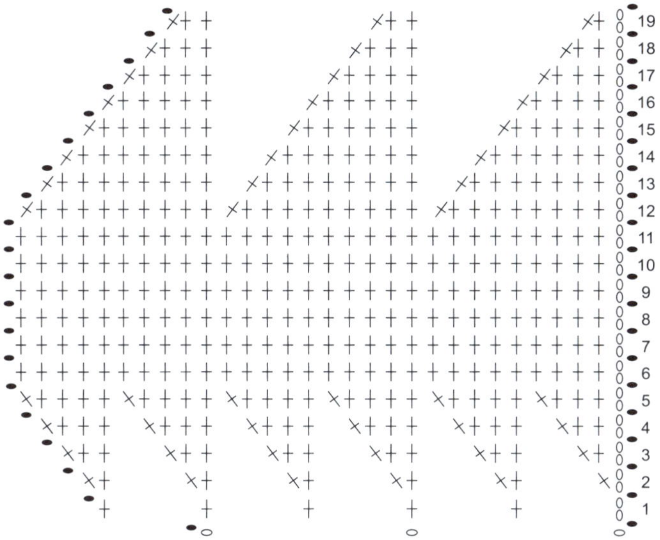

schéma 2

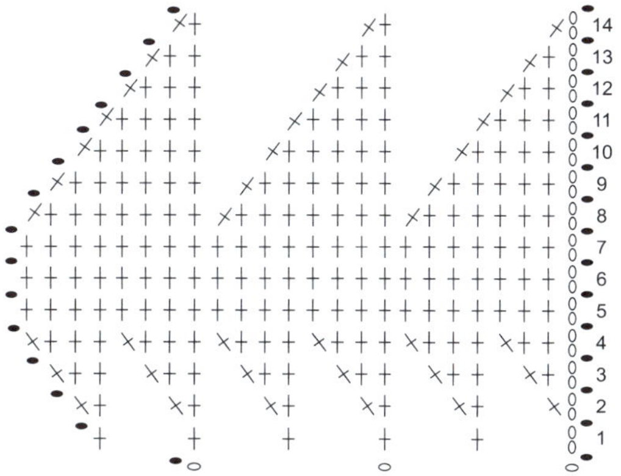

schéma 4

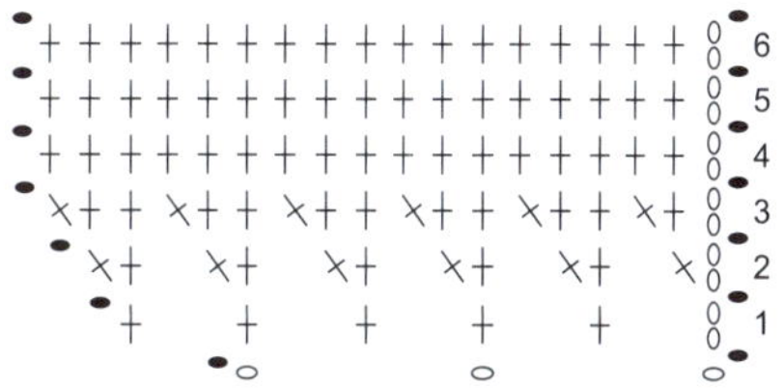

schéma 5

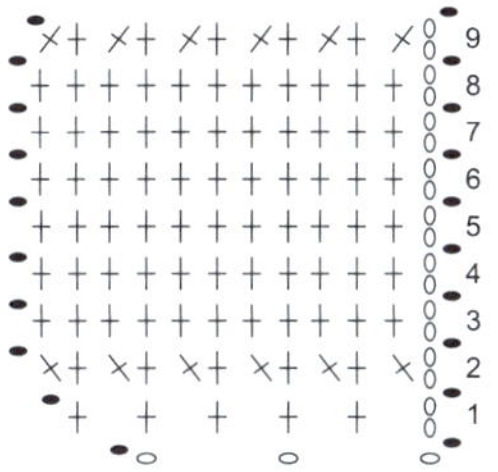

schéma 6

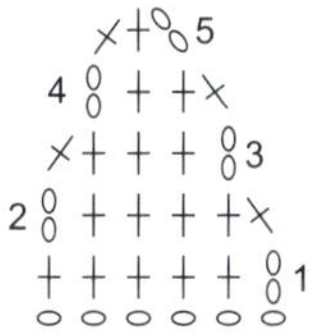

schéma 7

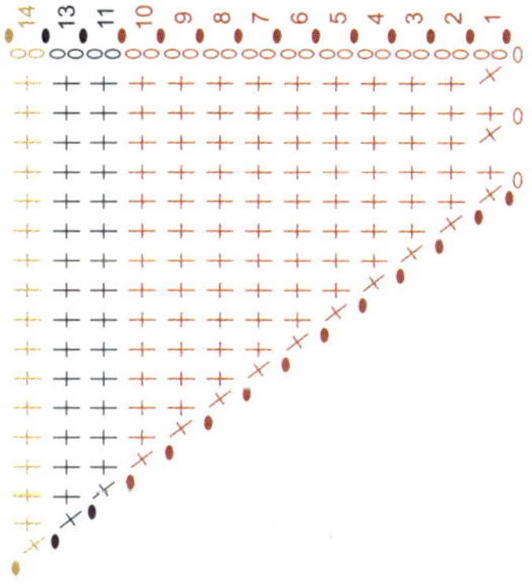

schéma 11

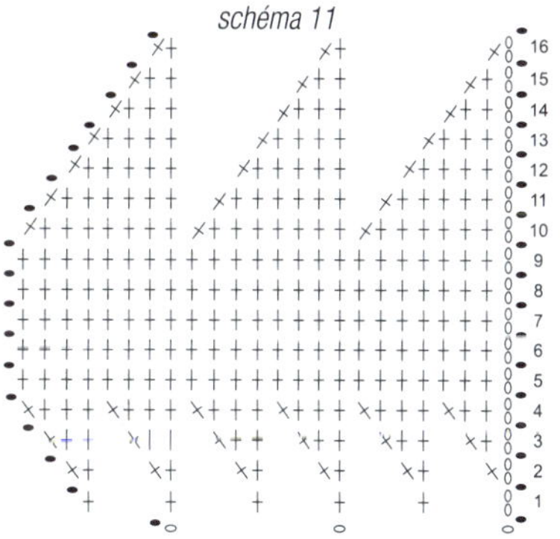

schéma 9

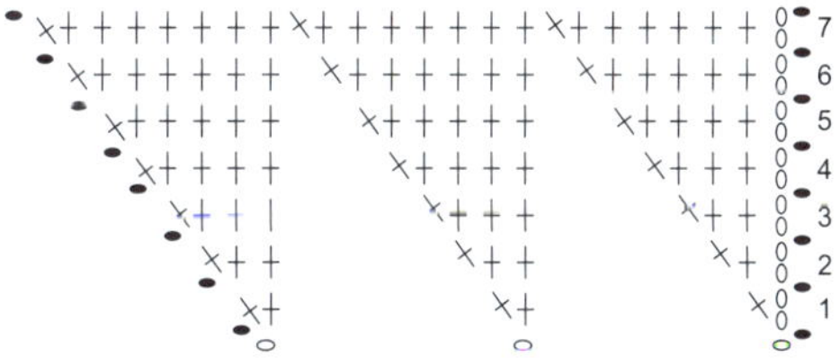

Crocheter au crochet de 3 mm les détails 1-6, crocheter le reste au crochet de 2 mm. Crocheter en rond le corps selon le schéma 1. Crocheter en rond la tête selon le schéma 2. Crocheter en rond les pattes avant (2 détails) selon le schéma 3. Crocheter en rond les pattes arrière (2 détails) selon le schéma 4 et deux autres détails selon le schéma 5. Crocheter les oreilles (2 détails) selon le schéma 6. Crocheter en rond le bonnet selon le schéma 7. Crocheter l'écharpe selon le schéma 8. Crocheter en rond le gland selon le schéma 9. Crocheter la cupule selon le schéma 10. Crocheter en rond la queue selon le schéma 11. Border l'écharpe avec le fil doré selon le contour, faire trois points de chaînette côté endroit sur toute la longueur de l'écharpe. Coudre les détails 4 avec les détails 5 selon le dessin (la couture est montrée en pointillés roses). Coudre la cupule sur le gland selon le dessin (la couture est marquée en pointillés verts). Coudre les détails 2, 3, 4, 6, 7, 9 et 11 sur le corps selon le dessin. Enrouler l'écharpe autour de la tête. Broder les yeux, le nez et la bouche avec le fil noir (dessin).

Basset

dessin

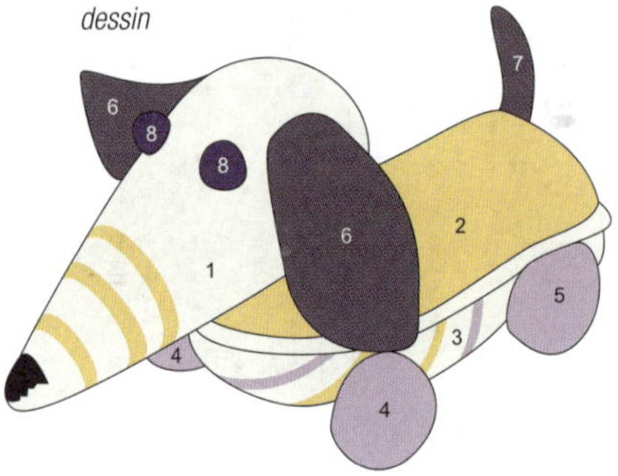

- Dimensions : hauteur 12 cm, longueur 22 cm
- Fil : 100 % coton, 20 g de blanc, 20 g d'orange, 10 g de gris, 10 g de violet (pelote 50 g, 170 m) et quelques longueurs de bleu foncé et de noir
- Crochet : 1,75 mm
- Niveau de difficulté : ☆☆☆
- Temps de réalisation : 6 heures

AVERTISSEMENT

N'UTILISEZ JAMAIS DE BOURRE POUR LES DOUDOUS QUE VOUS DESTINEZ AUX ENFANTS, SAUF SOUS LA FORME DE POCHES DE BOURRE FERMÉES, RÉALISÉES PAR DES PROFESSIONNELS ET RESPECTANT LES NORMES EN VIGUEUR SUR LA SÉCURITÉ DES JOUETS.

schéma 5

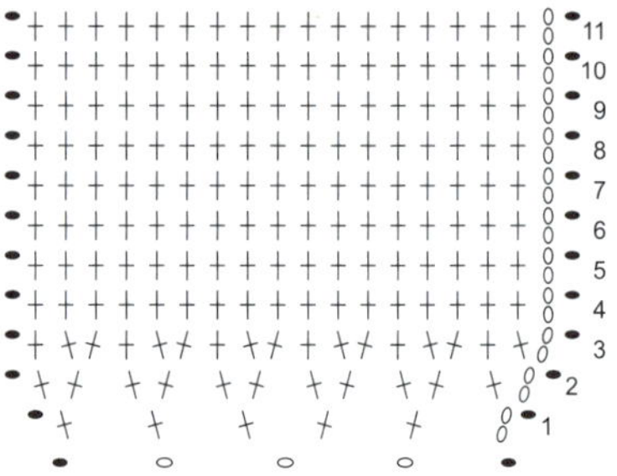

schéma 6

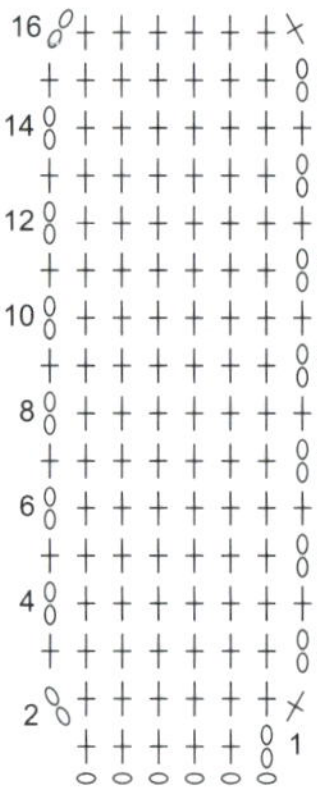

schéma 7

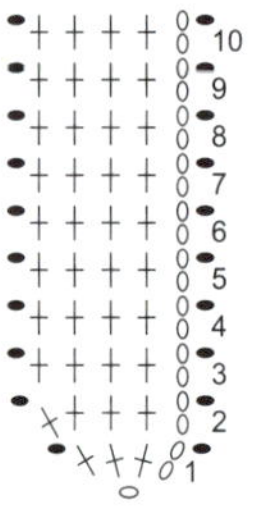

schéma 8

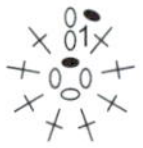

schéma 1

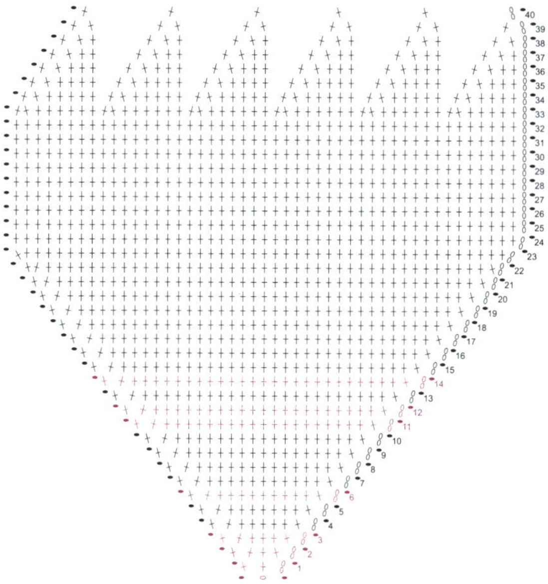

schéma 3

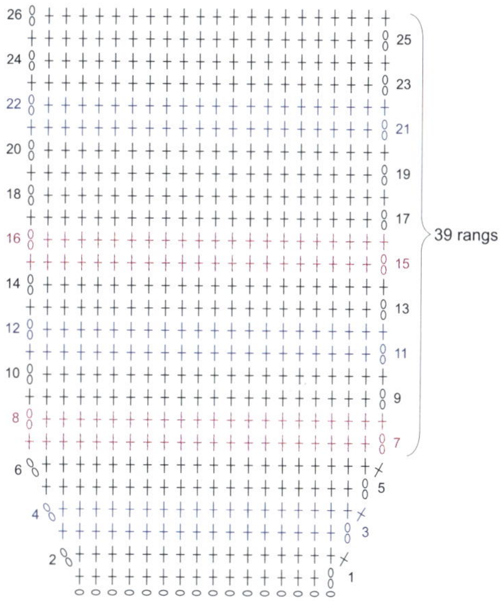

schéma 2

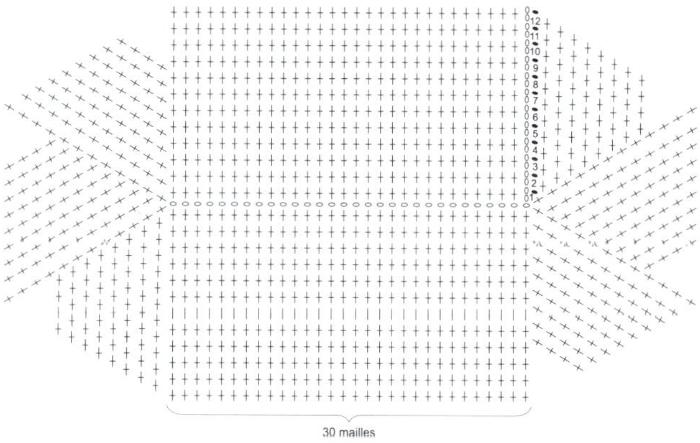

schéma 4

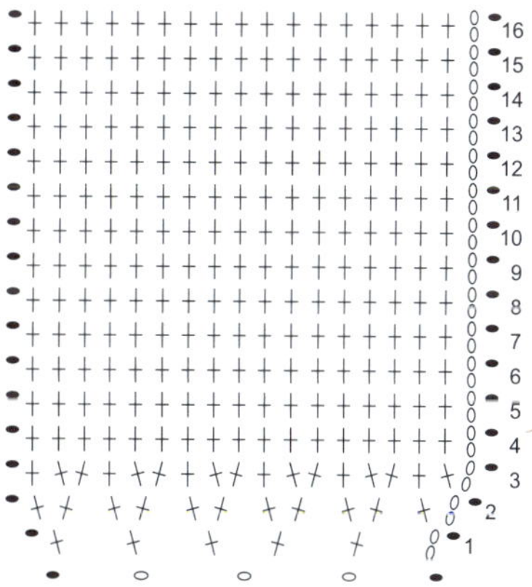

Avec du fil blanc et de l'orange pour le nez, crocheter la tête en rond, en suivant le schéma 1. Avec du fil orange, crocheter le dos en suivant le schéma 2. Avec du fil blanc, du fil gris et du fil orange, crocheter le ventre en suivant le schéma 3 (la couleur principale est le blanc). Coudre le pourtour du dos et du ventre, par une rangée de mailles serrées. Avec du fil gris, crocheter les deux pattes avant en rond, en suivant le schéma 4, puis les pattes arrière en rond, selon le schéma 5. Les coudre au corps. Avec du fil violet, crocheter les deux oreilles, en suivant le schéma 6 et la queue en suivant le schéma 7. Avec du fil bleu foncé, crocheter les yeux, en suivant le schéma 8. Coudre les oreilles et les yeux sur la tête du basset. Coudre le nez avec du fil noir. Coudre la tête et la queue sur le corps.

Chien

- Dimension : hauteur 17 cm
- Fil : 100 % coton (pelote 50 g, 165 m), 75 g de gris, 20 g de rouge, 20 g de blanc, quelques longueurs de noir
- Crochet : 2 mm
- Niveau de difficulté : ☆☆☆
- Temps de réalisation : 7 heures

AVERTISSEMENT

N'UTILISEZ JAMAIS DE BOURRE POUR LES DOUDOUS QUE VOUS DESTINEZ AUX ENFANTS, SAUF SOUS LA FORME DE POCHES DE BOURRE FERMÉES, RÉALISÉES PAR DES PROFESSIONNELS ET RESPECTANT LES NORMES EN VIGUEUR SUR LA SÉCURITÉ DES JOUETS.

dessin

schéma 1

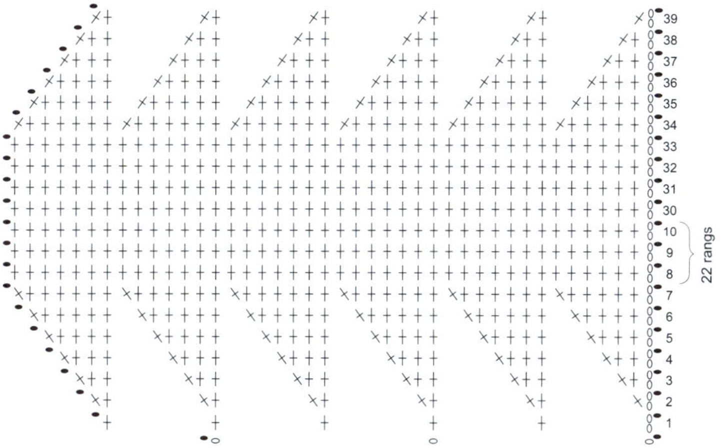

schéma 3

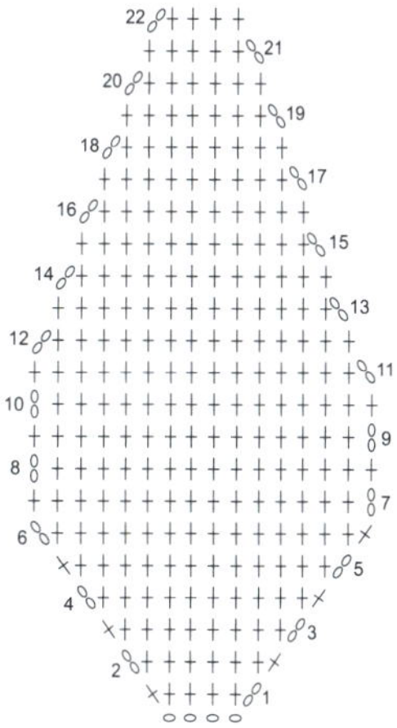

schéma 4

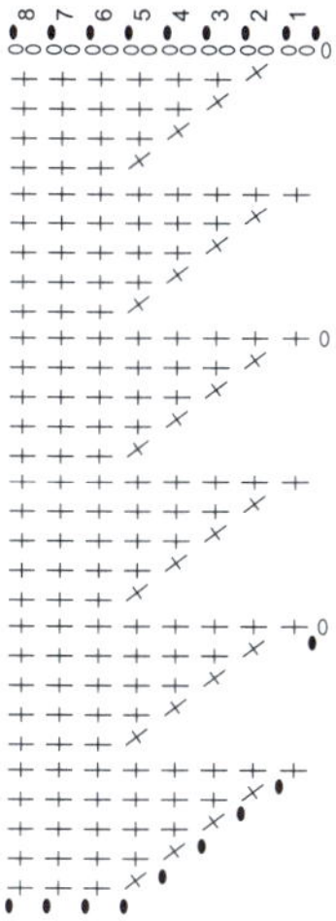

schéma 2

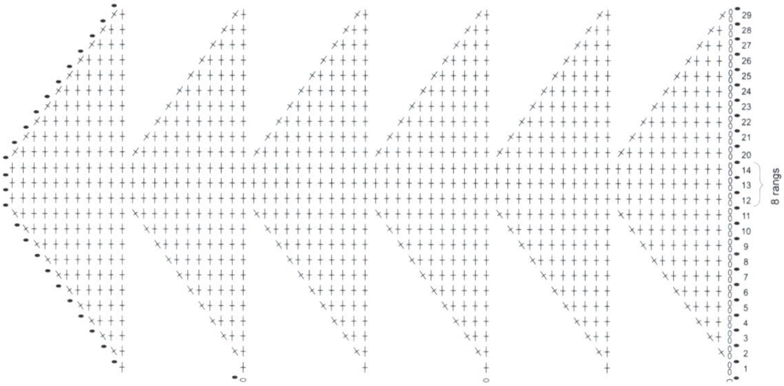

schéma 6

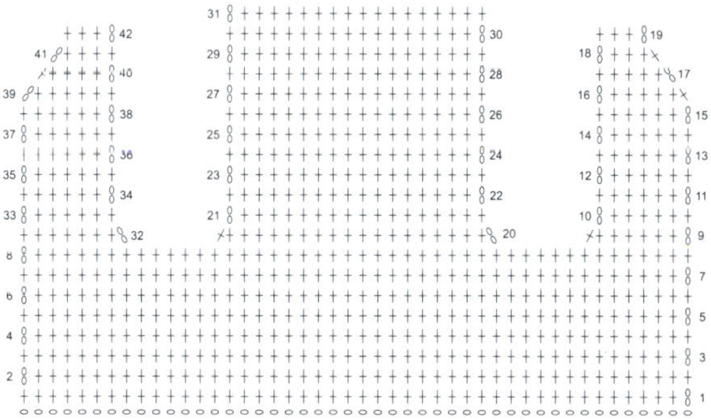

schéma 5

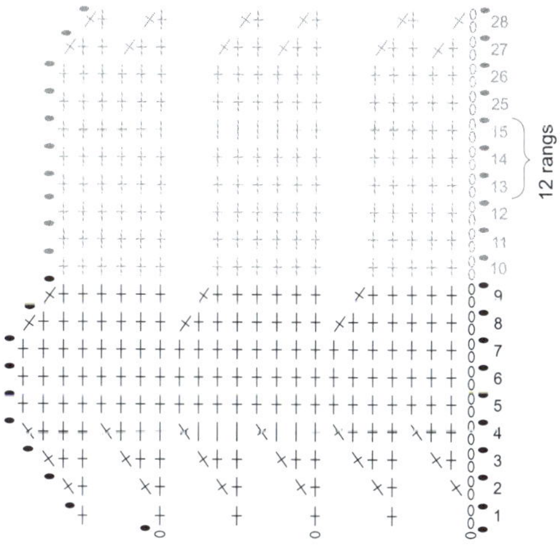

Crocheter le corps en rond, en suivant le schéma 1. Crocheter la tête en rond, en suivant le schéma 2. Crocheter les oreilles (2 éléments), en suivant le schéma 3. Crocheter le museau en rond, en suivant le schéma 4. Crocheter les pattes en rond (4 éléments), en suivant le schéma 5. Crocheter la veste en prenant le fil en double épaisseur, en suivant le schéma 6. Réaliser les coutures d'épaules et une bordure de mailles serrées sur le pourtour, avec du fil blanc. Coudre le museau et les oreilles sur la tête, comme indiqué sur le dessin. Avec quelques points de fil noir, dessiner les yeux, les sourcils, le nez et la bouche (dessin). Avec quelques points de fil blanc, dessiner les pupilles, comme indiqué sur le dessin. Coudre la tête et les pattes sur le corps, enfiler la veste (dessin).

Agneau

- Dimension : hauteur 23 cm
- Fil : 50 % laine 50 % acrylique (pelote 100 g, 250 m), 30 g de blanc, 30 % mohair 70 % acrylique (pelote 100 g, 220 m), 50 g de marron clair, quelques longueurs de blanc, noir et rose
- Crochet : 3 mm
- Niveau de difficulté : ☆☆☆
- Temps de réalisation : 7 heures

AVERTISSEMENT

N'UTILISEZ JAMAIS DE BOURRE POUR LES DOUDOUS QUE VOUS DESTINEZ AUX ENFANTS, SAUF SOUS LA FORME DE POCHES DE BOURRE FERMÉES, RÉALISÉES PAR DES PROFESSIONNELS ET RESPECTANT LES NORMES EN VIGUEUR SUR LA SÉCURITÉ DES JOUETS.

dessin

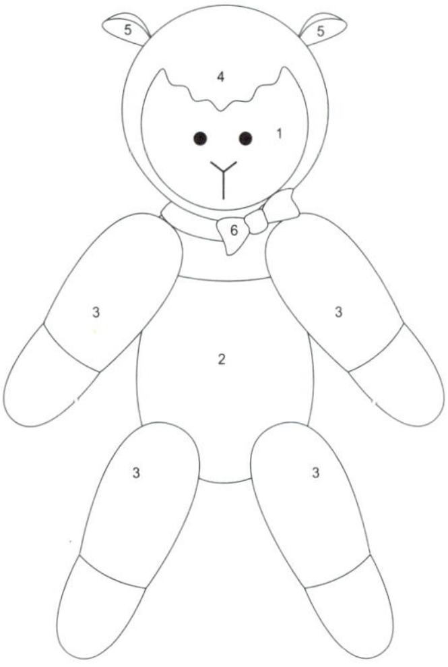

schéma 1

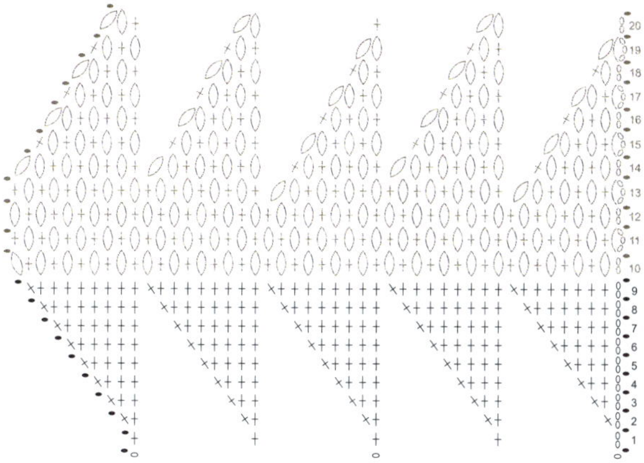

schéma 2

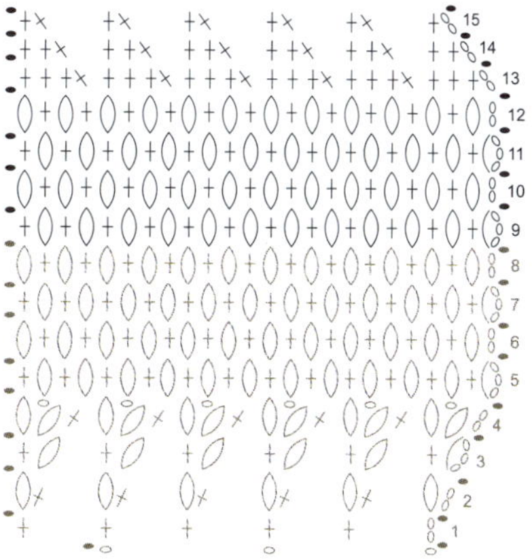

schéma 3

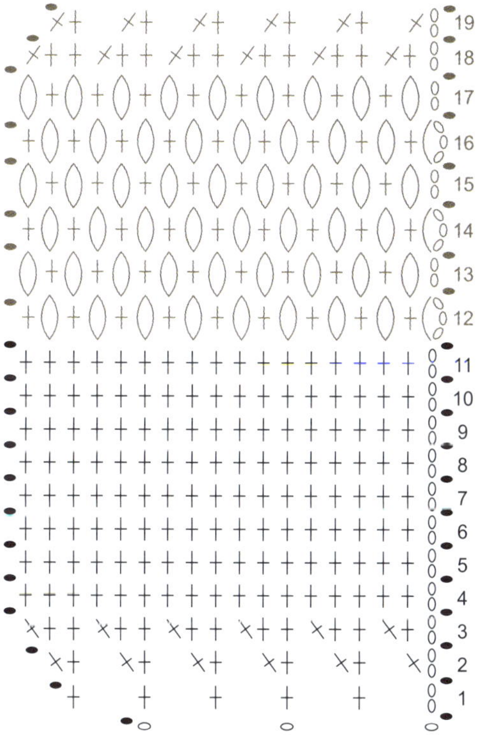

schéma 4

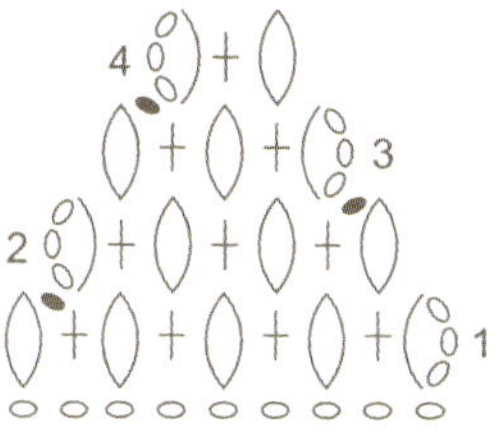

schéma 5

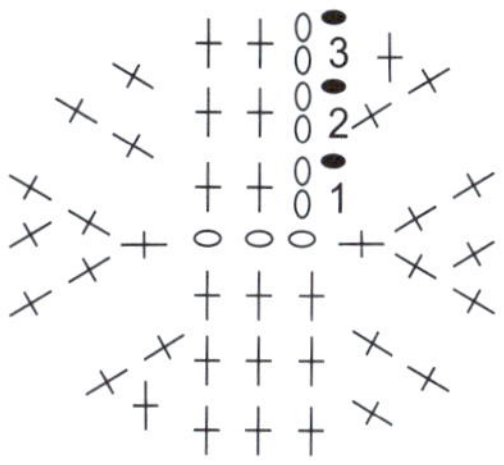

schéma 6

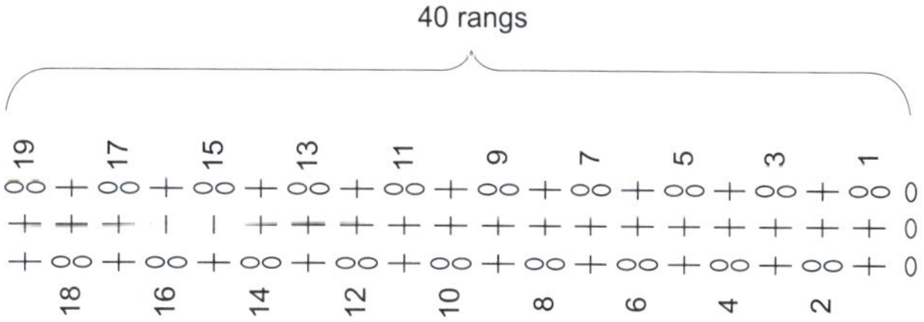

Crocheter la tête en suivant le schéma 1. Crocheter le corps en rond, en suivant le schéma 2. Crocheter les pattes (4 éléments), en suivant le schéma 3. Crocheter le toupet, en suivant le schéma 4. Crocheter les oreilles (2 éléments) en rond, en suivant le schéma 5. Crocheter l'écharpe, en suivant le schéma 6. Coudre tous les éléments entre eux, comme indiqué sur le dessin. Dessiner les yeux avec quelques points de fil noir, la bouche avec quelques points de fil gris. Enrouler l'écharpe autour du cou, faire un nœud.

Cerf

dessin

- Dimension : hauteur 14 cm
- Fil : 100 % coton (pelote 50 g, 165 m), 40 g de marron, quelques longueurs de marron clair, de blanc, de doré et de noir
- Crochet : 2 mm
- À rajouter : un cube de carton de 2,5 x 2,5 x 2,5 cm
- Niveau de difficulté : ☆☆☆
- Temps de réalisation : 4 heures

AVERTISSEMENT

N'UTILISEZ JAMAIS DE BOURRE POUR LES DOUDOUS QUE VOUS DESTINEZ AUX ENFANTS, SAUF SOUS LA FORME DE POCHES DE BOURRE FERMÉES, RÉALISÉES PAR DES PROFESSIONNELS ET RESPECTANT LES NORMES EN VIGUEUR SUR LA SÉCURITÉ DES JOUETS.

Crocheter le corps en rond en suivant le schéma 1. Crocheter la tête en rond, en suivant le schéma 2. Crocheter les pattes (4 éléments) en rond, en suivant le schéma 3. Crocheter les cornes (2 éléments) en suivant le schéma 4. Crocheter les oreilles (2 éléments) en suivant le schéma 5. Coudre tous les éléments entre eux, comme indiqué sur le dessin. Avec quelques points, dessiner les narines sur le museau. Former les pattes avec du fil marron, comme indiqué sur le dessin. Avec quelques points de fil noir et de fil blanc, dessiner les yeux. Pour le ruban du cadeau, monter une chaînette de 10 mailles en l'air, former un cube pour le cadeau. Le fixer entre les pattes du cerf.

schéma 1

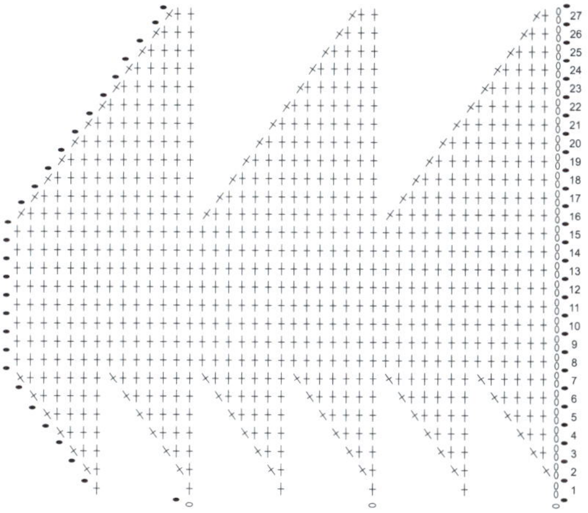

schéma 2

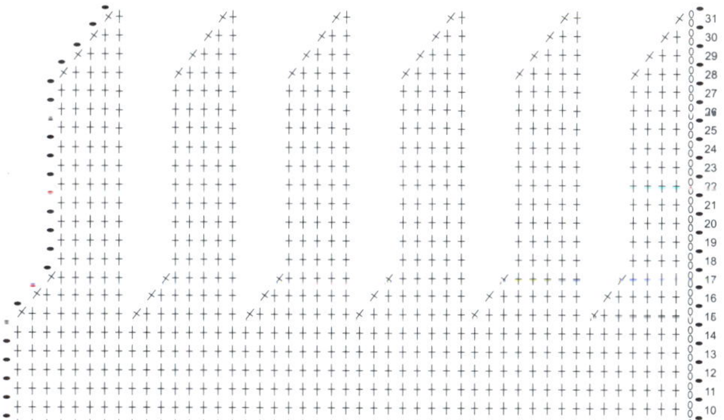

schéma 3

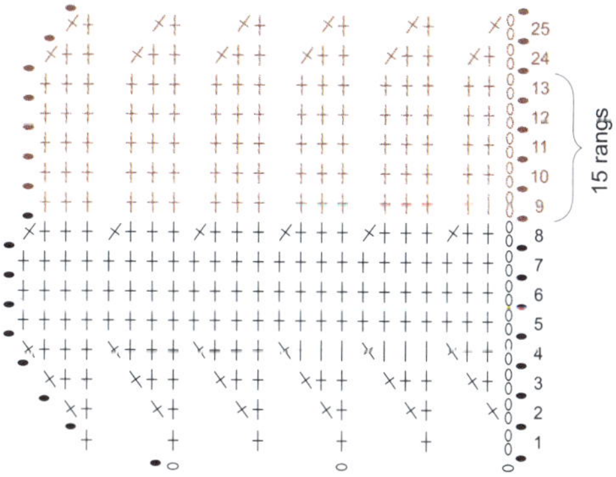

schéma 4

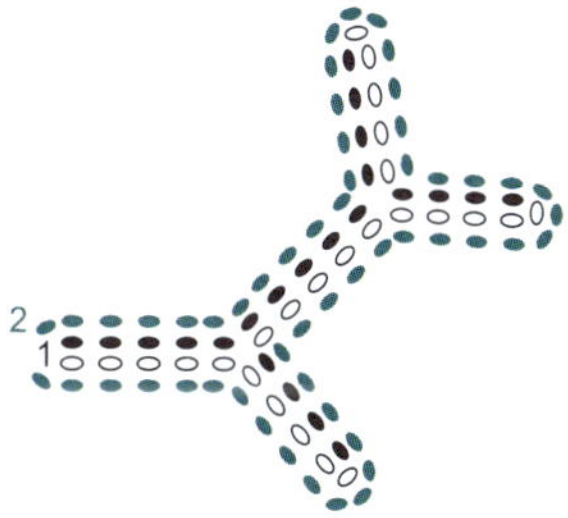

schéma 5

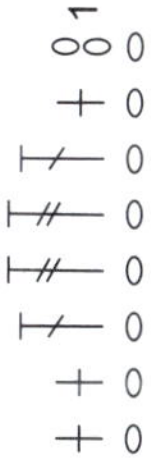

Coussin hérisson

dessin

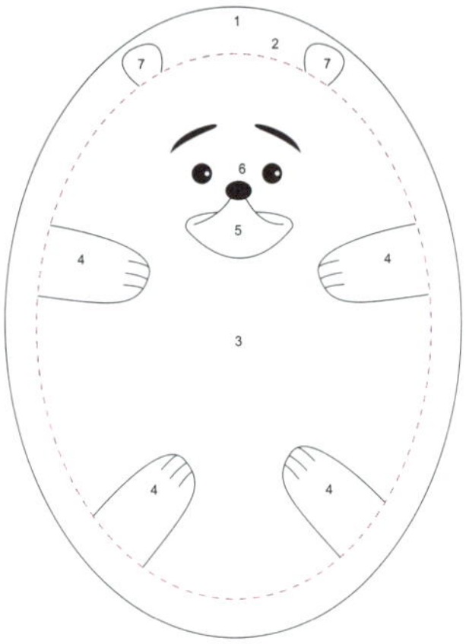

- Dimensions : hauteur 25 cm
- Fil : 100 g de laine « herbe » marron, 100 % polyester (pelote 100 g, 250 m) ; 30 g de marron, 100 % acrylique (pelote 100 g, 450 m) ; 20 g de violet foncé, 100 % laine (pelote 100 g, 300 m)
- Crochet : 2,5 mm et 3,5 mm
- À rajouter : 2 boutons noirs de 1 cm de diamètre, du matériel de rembourrage
- Niveau de difficulté : ✩✩✩
- Temps de réalisation : 7 heures

AVERTISSEMENT

N'UTILISEZ JAMAIS DE BOURRE POUR LES DOUDOUS QUE VOUS DESTINEZ AUX ENFANTS, SAUF SOUS LA FORME DE POCHES DE BOURRE FERMÉES, RÉALISÉES PAR DES PROFESSIONNELS ET RESPECTANT LES NORMES EN VIGUEUR SUR LA SÉCURITÉ DES JOUETS.

Commencer par crocheter le dos du hérisson en rond, avec la laine « herbe », au crochet 3,5 mm, en suivant le schéma 1. Puis continuer le dos en suivant le schéma 2. Crocheter le ventre en rond, avec la laine marron, au crochet 2,5 mm, en suivant le schéma 3. Crocheter les pattes (4 éléments) avec la laine violet foncé, au crochet 2,5 mm, en suivant le schéma 4. Crocheter le nez avec la laine marron au crochet 2,5 mm, en suivant le schéma 5. Crocheter le bout du nez en suivant le schéma 6 et, ce faisant, le remplir de rembourrage. Crocheter les oreilles (2 éléments) avec la laine violette, au crochet 2,5 mm, en suivant le schéma 7. Coudre le dos et le ventre du hérisson, comme indiqué sur le dessin, et ce faisant, le remplir de rembourrage. Coudre les pattes et les oreilles (dessin). Remplir le nez de rembourrage et le coudre, puis fixer dessus son extrémité ronde, comme indiqué sur le dessin. Coudre les pattes avec du fil marron, les sourcils avec du noir. Coudre les boutons à la place des yeux, comme indiqué sur le dessin.

schéma 1

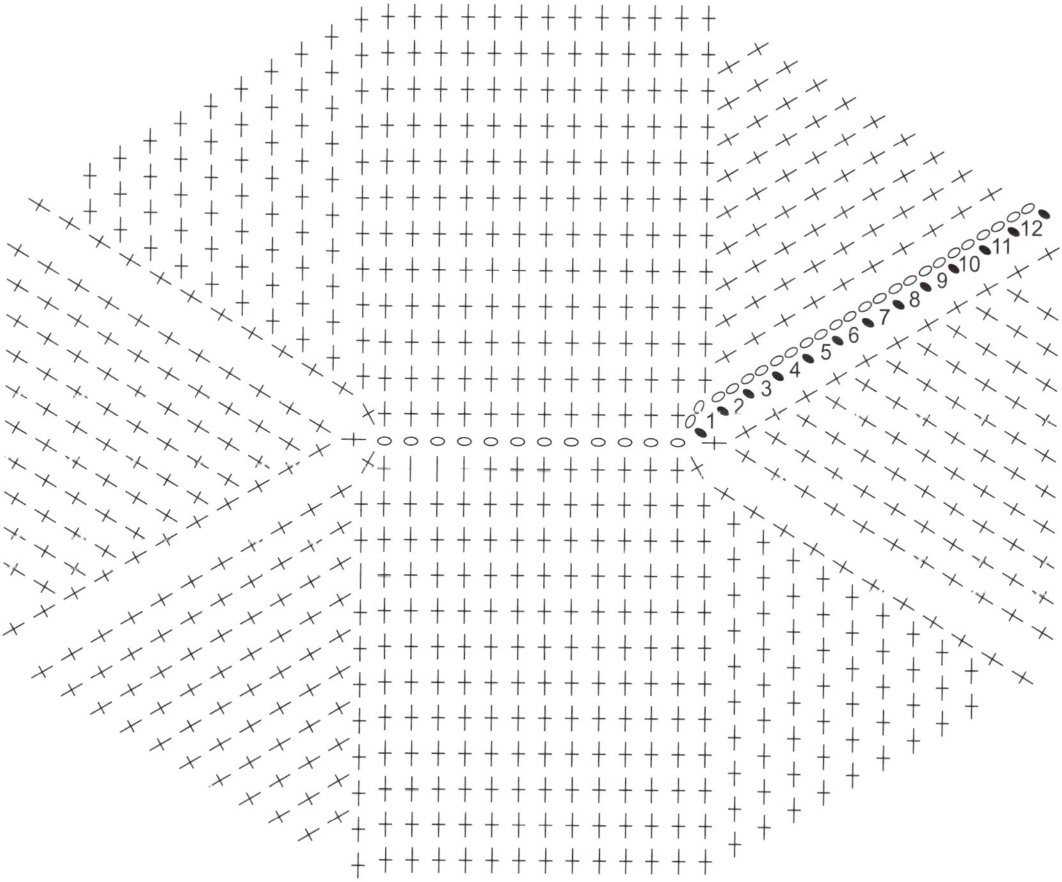

schéma 2

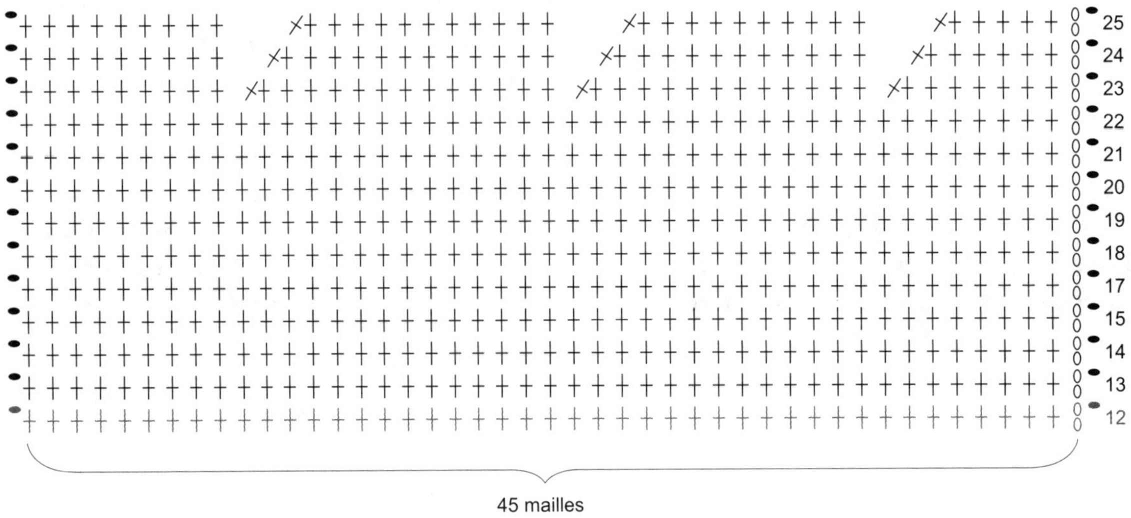

schéma 3

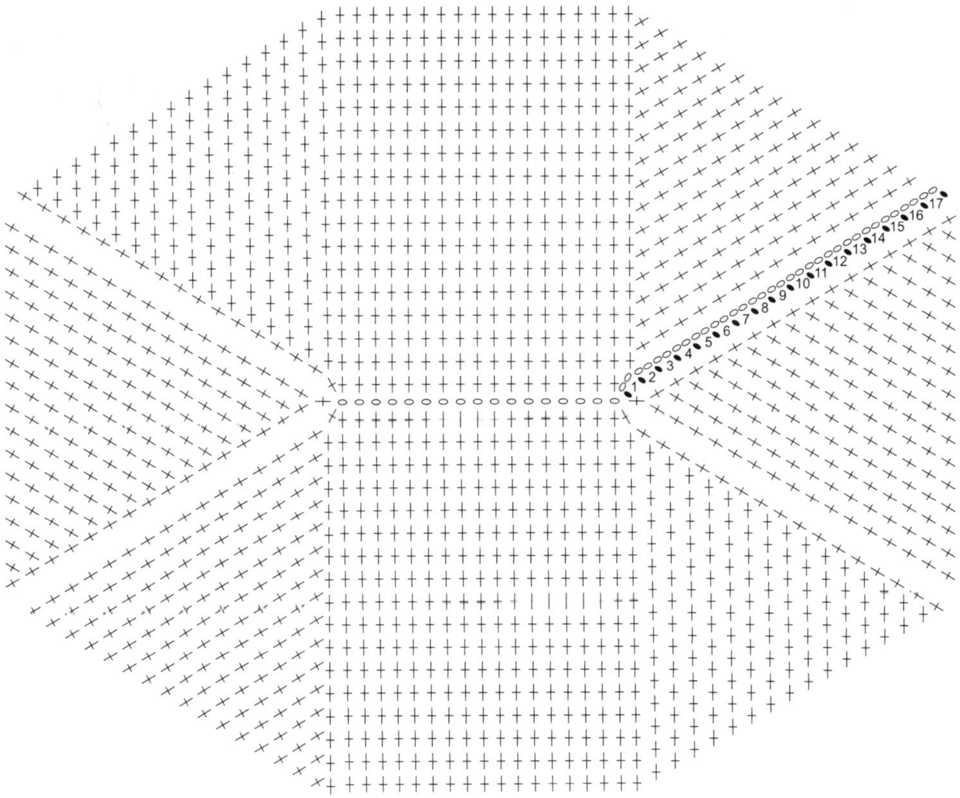

schéma 4

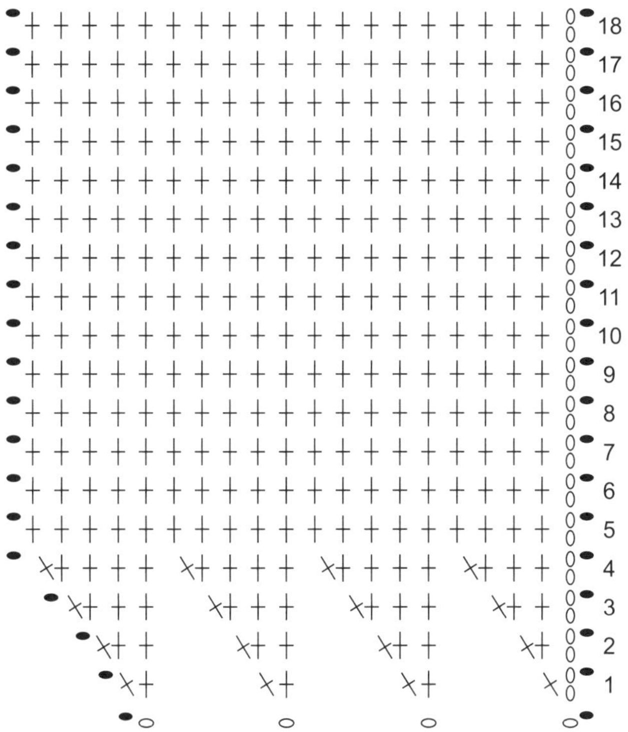

schéma 5

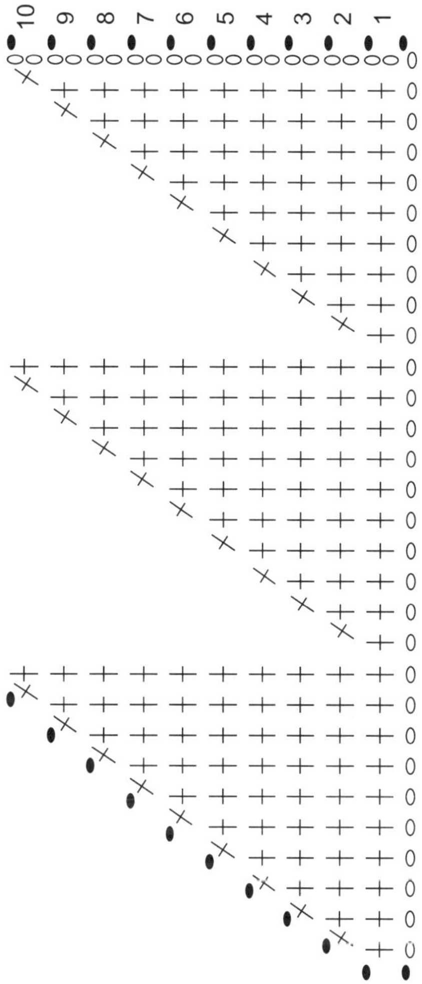

schéma 6

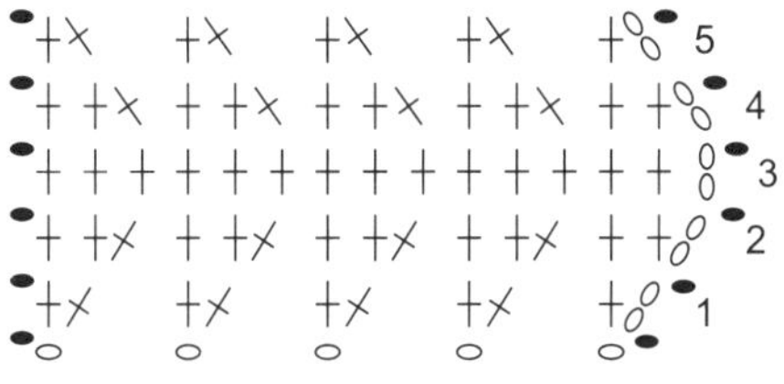

schéma 7

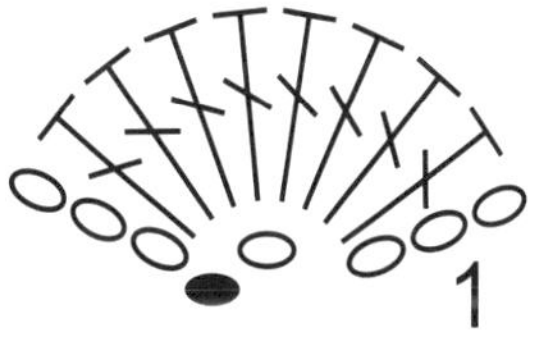

Serpent rayé

- ✂ Dimensions : diamètre 2,5 cm, longueur 26 cm
- ✂ Fil : 100 % coton (pelote 50 g, 165 m), 20 g de violet, 20 g de mauve, 20 g de rose, 20 g de bleu azur, 20 g de blanc et 20 g de marron clair
- ✂ Crochet : 2,5 mm
- ✂ Niveau de difficulté : ☆☆
- ✂ Temps de réalisation : 4 heures

AVERTISSEMENT

N'UTILISEZ JAMAIS DE BOURRE POUR LES DOUDOUS QUE VOUS DESTINEZ AUX ENFANTS, SAUF SOUS LA FORME DE POCHES DE BOURRE FERMÉES, RÉALISÉES PAR DES PROFESSIONNELS ET RESPECTANT LES NORMES EN VIGUEUR SUR LA SÉCURITÉ DES JOUETS.

schéma 1

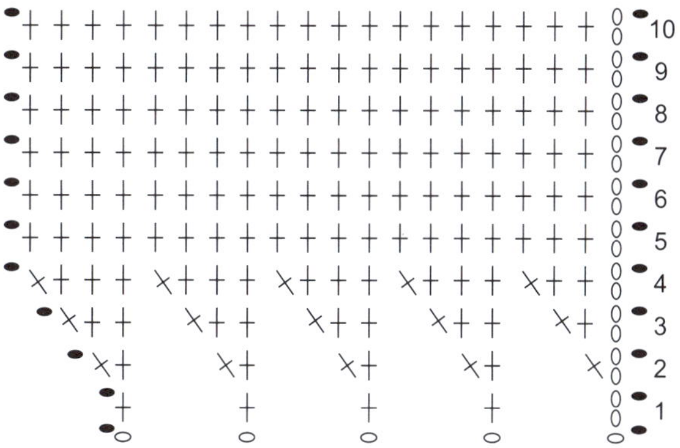

schéma 3

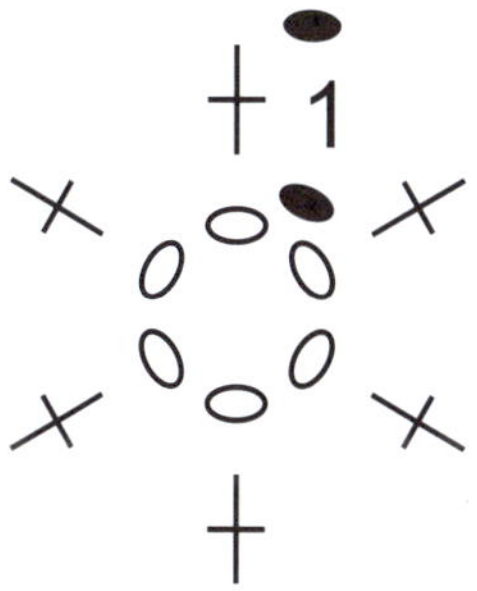

dessin

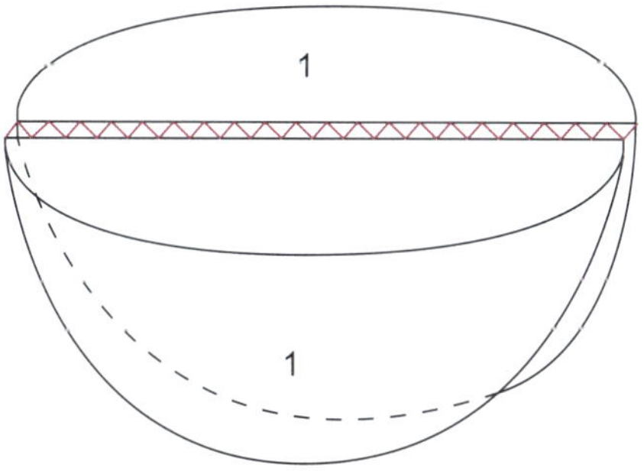

schéma 2

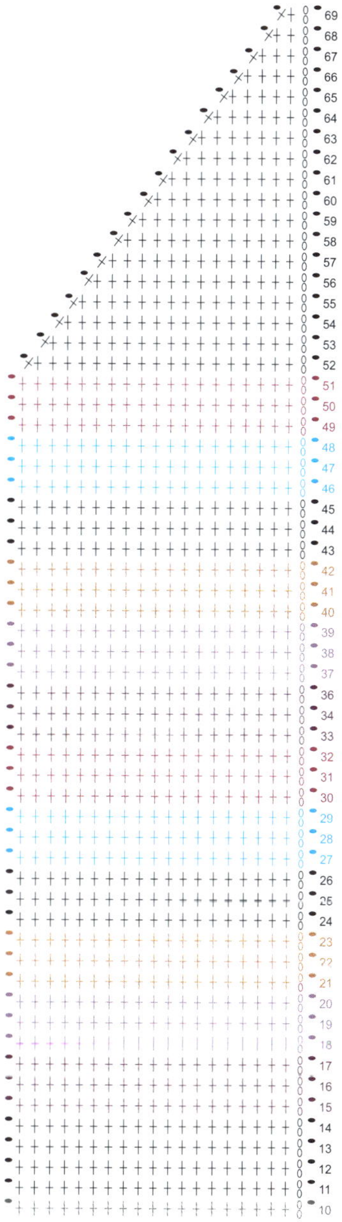

Commencer en crochetant la tête (2 éléments) en rond, en suivant le schéma 1. Coudre les éléments comme indiqué sur le dessin. Puis continuer en crochetant le corps en rond, en suivant le schéma 2. Crocheter les yeux (2 éléments) en suivant le schéma 3. Coudre les yeux sur la tête du serpent. Pour la langue, réaliser une chaînette de 12 mailles en l'air et la coudre entre les deux éléments de la tête. Avec quelques points de fil violet, dessiner les yeux.

Hippopo-ami

- Dimension : hauteur 18 cm
- Fil : 100 % coton (pelote 50 g, 165 m), 50 g de marron clair, quelques longueurs de crème et de noir
- Crochet : 2,5 mm
- Niveau de difficulté : ☆☆
- Temps de réalisation : 5 heures

AVERTISSEMENT

N'UTILISEZ JAMAIS DE BOURRE POUR LES DOUDOUS QUE VOUS DESTINEZ AUX ENFANTS, SAUF SOUS LA FORME DE POCHES DE BOURRE FERMÉES, RÉALISÉES PAR DES PROFESSIONNELS ET RESPECTANT LES NORMES EN VIGUEUR SUR LA SÉCURITÉ DES JOUETS.

dessin

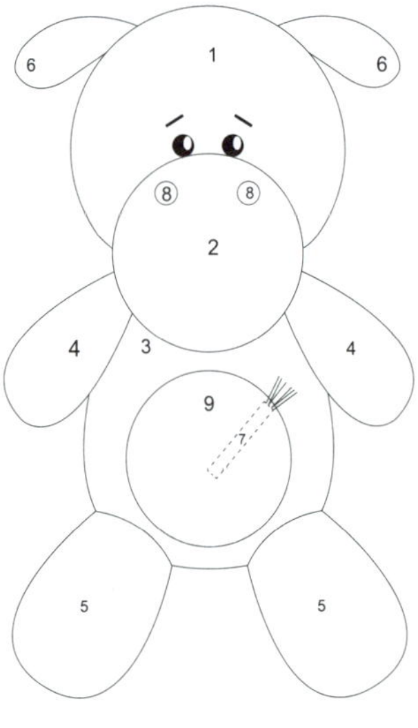

schéma 1

schéma 3

schéma 2

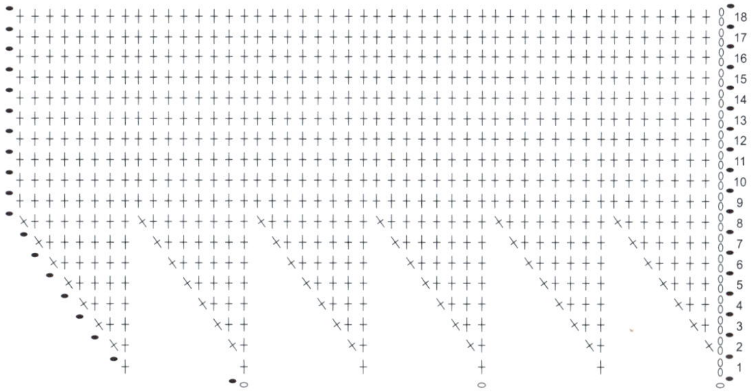

schéma 4

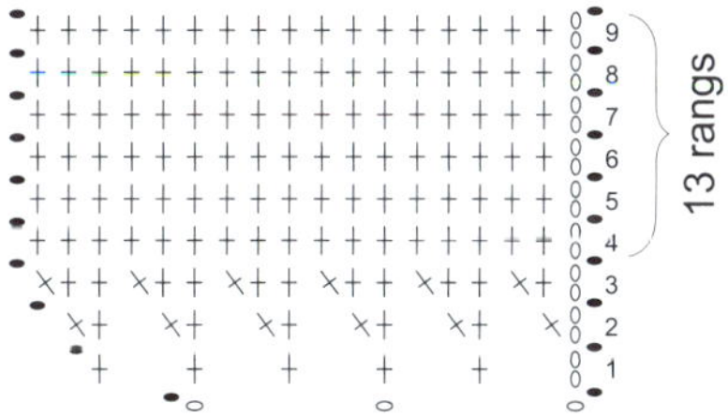

schéma 6

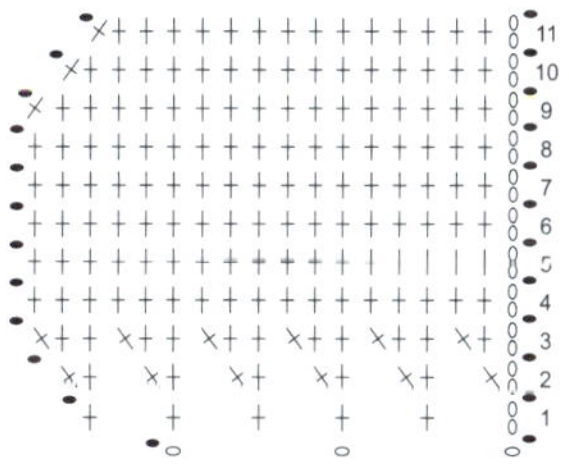

schéma 5

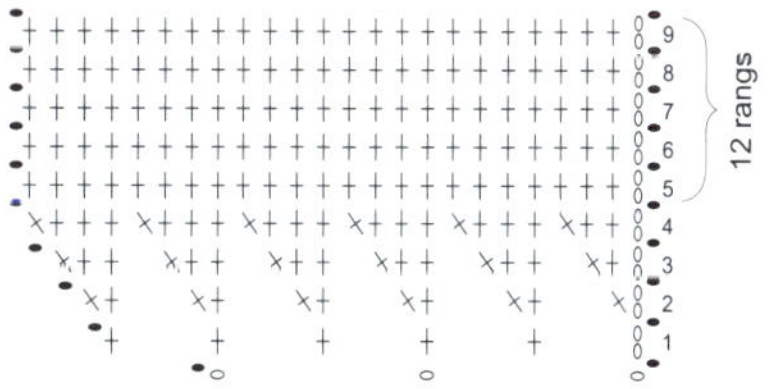

schéma 7

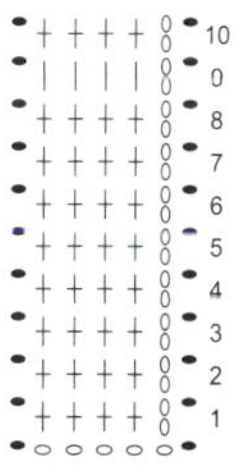

schéma 8

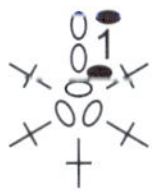

schéma 9

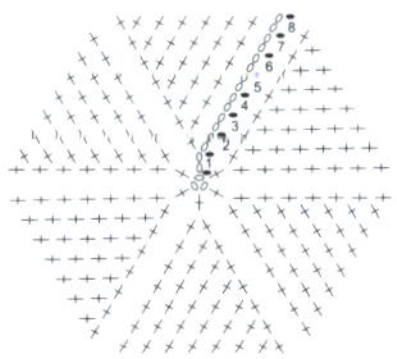

Crocheter la tête en rond, en suivant le schéma 1. Crocheter le nez en rond, en suivant le schéma 2. Crocheter le corps en rond, en suivant le schéma 3. Crocheter les pattes supérieures (2 éléments) en rond, en suivant le schéma 4. Crocheter les pattes inférieures (2 éléments) en rond, en suivant le schéma 5. Crocheter les oreilles (2 éléments) en rond, en suivant le schéma 6. Crocheter la queue, en suivant le schéma 7. Crocheter les narines (2 éléments) avec du fil crème, en suivant le schéma 8. Crocheter le ventre en rond, avec du fil crème, en suivant le schéma 9. Coudre les éléments 1 – 9 entre eux, comme indiqué sur le dessin. Avec du fil marron clair, réaliser un petit plumeau, et le coudre à une extrémité de la queue. Avec des points de fil crème et de fil noir, dessiner les yeux et les sourcils, comme indiqué sur le dessin.

Renne

- Dimension : hauteur 19 cm
- Fil : 100 % acrylique de couleur marron clair, marron foncé, rouge (pelote 100 g 300 m), 10 g de chaque, chutes de fils blancs et noirs
- Crochet : 2 mm
- Niveau de difficulté : ☆☆☆
- Temps de réalisation : 3 h 30

AVERTISSEMENT
N'UTILISEZ JAMAIS DE BOURRE POUR LES DOUDOUS QUE VOUS DESTINEZ AUX ENFANTS, SAUF SOUS LA FORME DE POCHES DE BOURRE FERMÉES, RÉALISÉES PAR DES PROFESSIONNELS ET RESPECTANT LES NORMES EN VIGUEUR SUR LA SÉCURITÉ DES JOUETS.

dessin 1

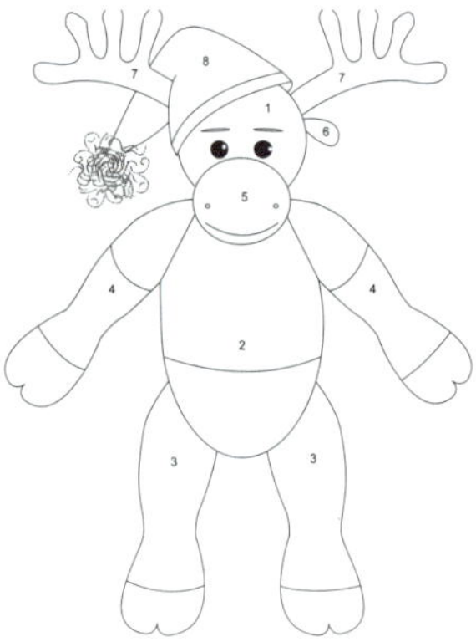

Crocheter la tête du renne avec du fil de couleur marron clair, en rond, suivant le schéma 1. Commencer à crocheter le corps du renne avec du fil de couleur marron clair, en rond, suivant le schéma 2. Changer de fil au 12ᵉ rang pour prendre du fil de couleur rouge et crocheter le 12ᵉ rang, piquer alors un seul brin de maille dans le rang précédent. Après ce rang, terminer de crocheter le corps du renne selon le schéma 2 avec le fil de couleur rouge. Puis, repiquer au crochet les brins du 11ᵉ rang laissés libres (n'ayant pas été piqués au crochet sur le 12ᵉ rang) avec du fil de couleur rouge, au point écrevisse. Commencer à crocheter les pattes de renne, avec le fil de couleur marron foncé, en suivant le schéma 3. Au 10ᵉ rang, changer le fil marron foncé pour du fil marron clair et terminer de crocheter les pattes arrière. Commencer à crocheter les pattes avant, suivant le schéma 4, avec du fil marron foncé. Changer de fil pour crocheter en marron clair à partir du 9ᵉ jusqu'au 12ᵉ rang. Puis changer le fil de couleur pour crocheter au fil rouge le 13ᵉ rang. Crocheter ce rang en piquant un seul brin de maille dans le rang précédent. Terminer de crocheter les pattes avant du renne avec le fil de couleur rouge, repiquer les brins libres du 12ᵉ rang pour les crocheter au point écrevisse.

schéma 1

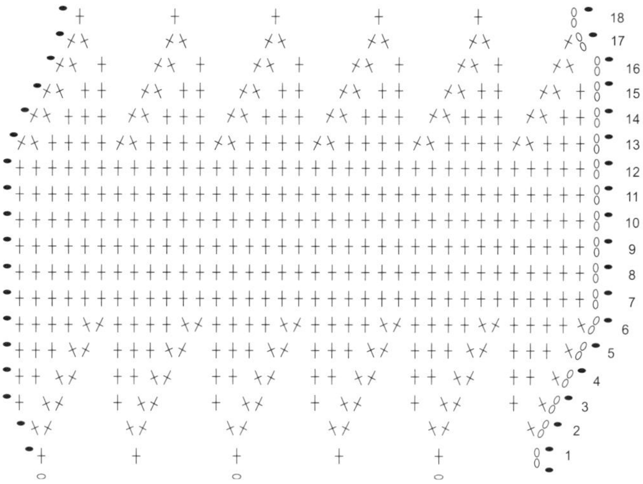

schéma 3

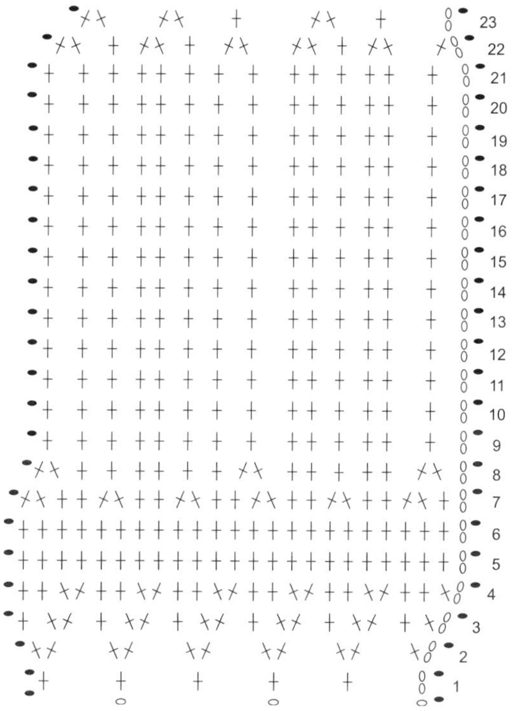

schéma 2

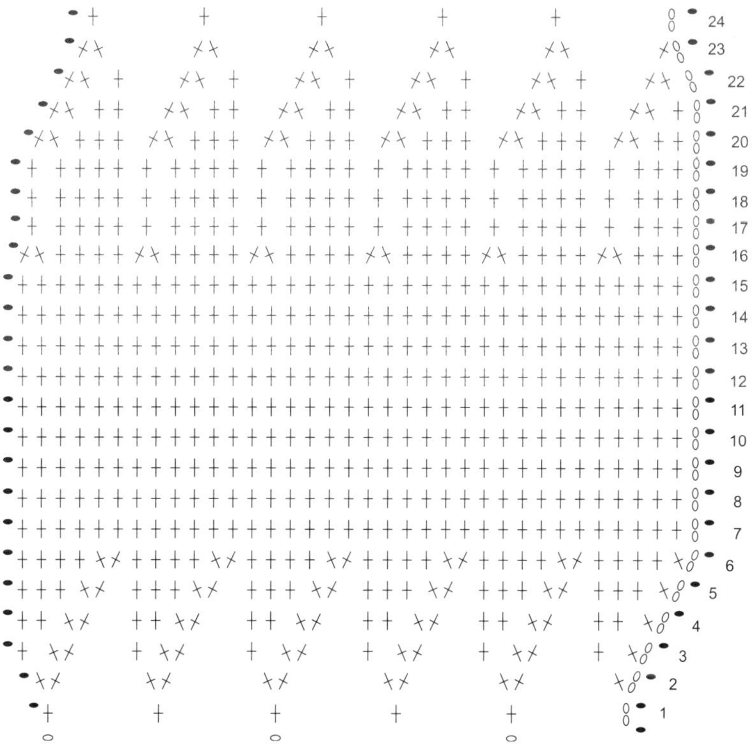

schéma 4

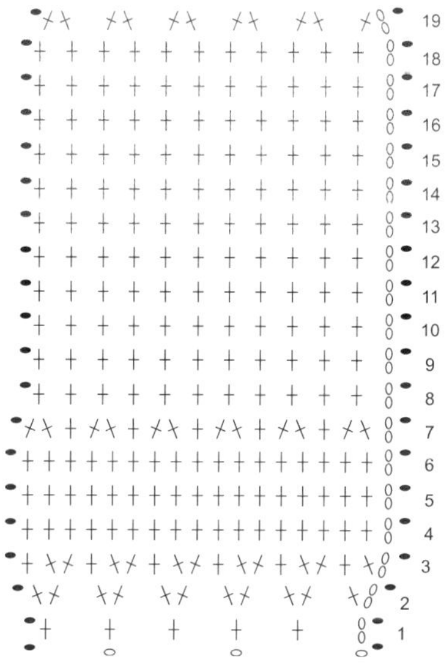

Escargot rigolo

- Dimensions : hauteur 9 cm, longueur 13 cm
- Fil : 100 % coton, 10 g de rose, 10 g de gris, 10 g de violet (pelote 50 g, 160 m), quelques longueurs de blanc, jaune, noir et rouge
- Crochet : 2 mm
- Niveau de difficulté : ☆☆☆
- Temps de réalisation : 6 heures

AVERTISSEMENT

N'UTILISEZ JAMAIS DE BOURRE POUR LES DOUDOUS QUE VOUS DESTINEZ AUX ENFANTS, SAUF SOUS LA FORME DE POCHES DE BOURRE FERMÉES, RÉALISÉES PAR DES PROFESSIONNELS ET RESPECTANT LES NORMES EN VIGUEUR SUR LA SÉCURITÉ DES JOUETS.

dessin

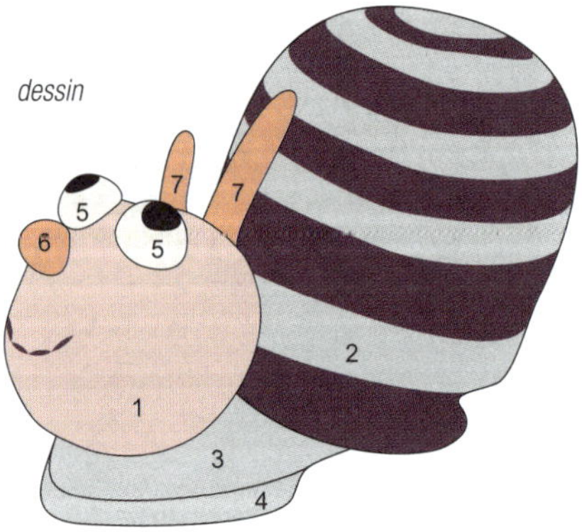

schéma 1

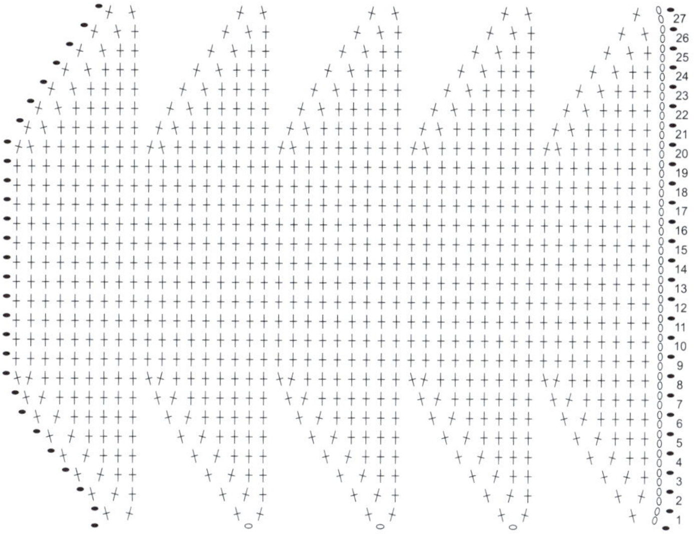

schéma 3

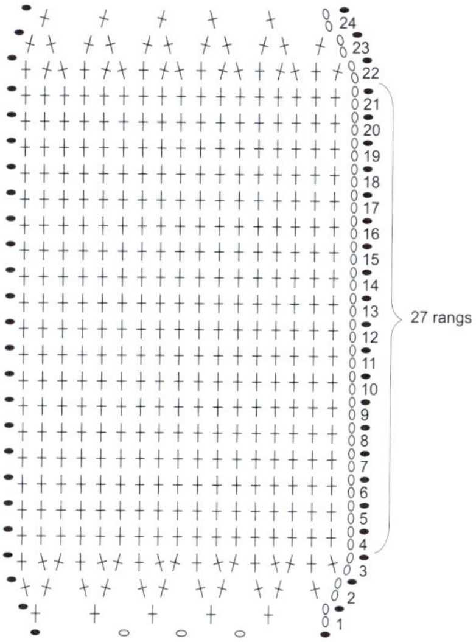

schéma 2

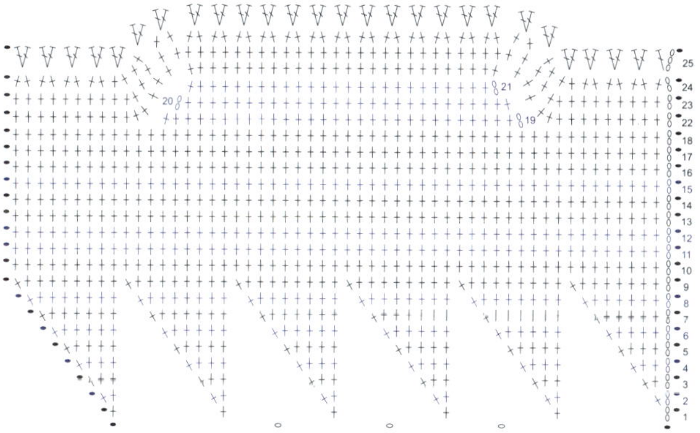

schéma 4

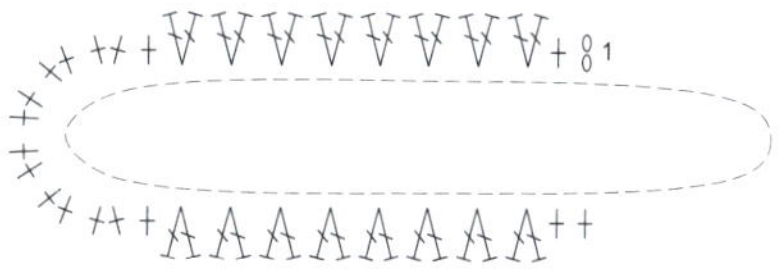

schéma 5

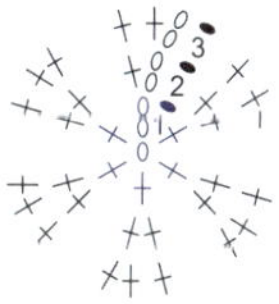

schéma 7

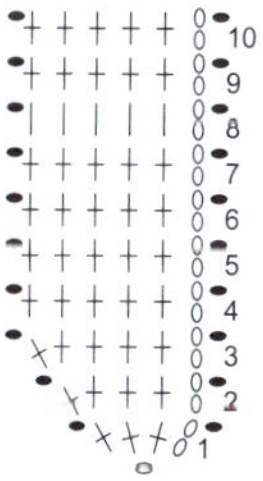

schéma 6

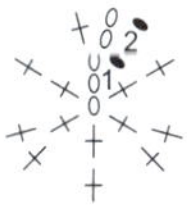

Avec du fil rose, crocheter la tête en rond, en suivant le schéma 1. Avec du fil violet et du fil gris, crocheter la coquille en rond, en suivant le schéma 2. Avec du fil gris, crocheter le corps en rond, en suivant le schéma 3. Réaliser une bordure froncée sur le corps, en suivant le schéma 4. Avec du fil noir et du fil blanc, crocheter les deux yeux, en suivant le schéma 5. Avec du fil jaune, crocheter le nez, en suivant le schéma 6. Avec du fil jaune, crocheter les deux cornes, en suivant le schéma 7. Coudre ensemble les éléments principaux du jouet, comme indiqué sur le dessin : les cornes, les yeux, le nez. Dessiner la bouche, avec quelques points de fil rouge.

Hamster mignon

- Dimension : hauteur 14 cm
- Fil : 100 % coton (1 pelote de 50 g 165 m) 60 g de laine blanche, les restes de la laine grise, 70 % polyester, 30 % métallique (1 pelote de 20 g 190 m) 20 g de laine dorée, 100 % lin (1 pelote de 50 g 180 m) 20 g de laine beige
- Crochets : 2 mm et 3 mm
- Niveau de difficulté : ☆ ☆ ☆
- Temps de réalisation : 7 heures

AVERTISSEMENT
N'UTILISEZ JAMAIS DE BOURRE POUR LES DOUDOUS QUE VOUS DESTINEZ AUX ENFANTS, SAUF SOUS LA FORME DE POCHES DE BOURRE FERMÉES, RÉALISÉES PAR DES PROFESSIONNELS ET RESPECTANT LES NORMES EN VIGUEUR SUR LA SÉCURITÉ DES JOUETS.

dessin

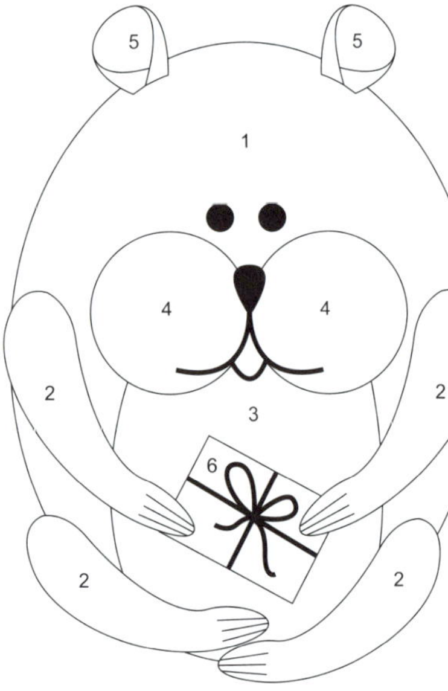

schéma 1

schéma 5

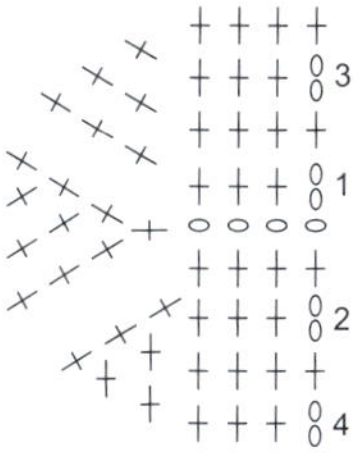

schéma 2

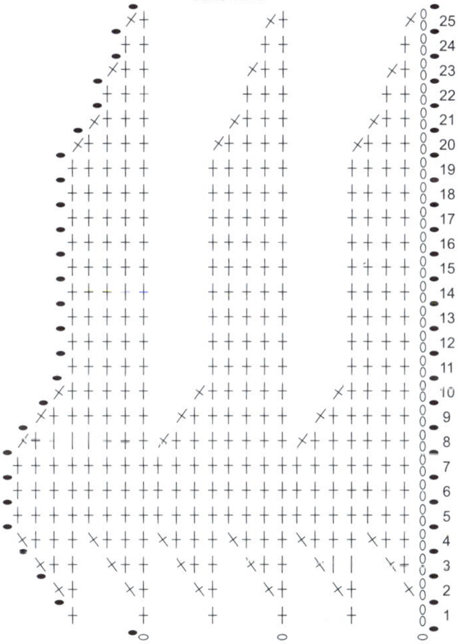

schéma 3

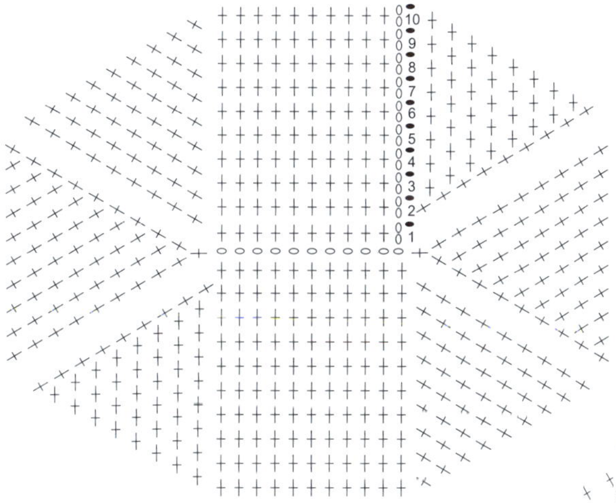

schéma 6

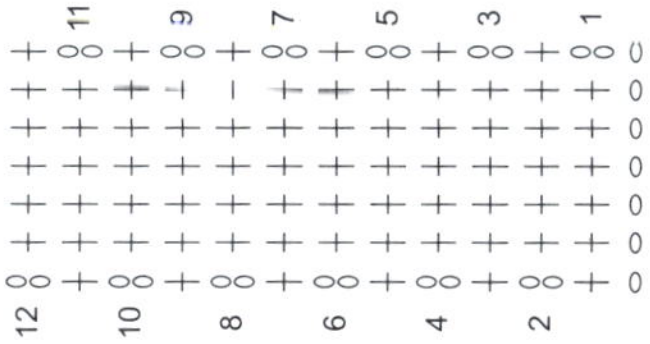

schéma 4

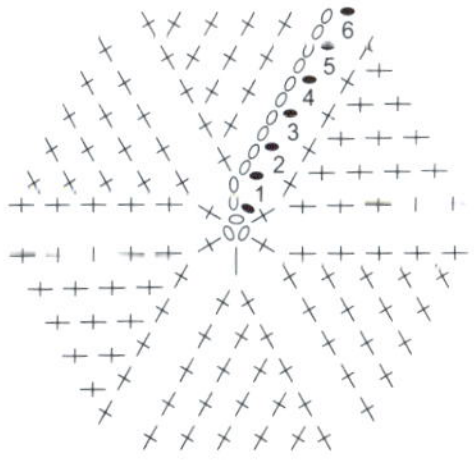

Crocheter les détails 1-5 au crochet de 2 mm, crocheter le détail 6 au crochet de 3 mm. Crocheter en rond le corps selon le schéma 1. Crocheter en rond les pattes (4 détails) selon le schéma 2. Crocheter en rond le ventre selon le schéma 3. Crocheter en rond les joues (2 détails) selon le schéma 4. Crocheter les oreilles (4 détails) selon le schéma 5. Crocheter le cadeau selon le schéma 6. Pour le nœud, monter une chaînette de mailles en l'air de 8 cm de longueur. Coudre les deux détails de chaque oreille avec des mailles serrées selon le contour, les rouler et coudre sur le corps selon le dessin. Coudre le ventre et les joues sur le corps selon le dessin. Coudre les pattes sur le corps. Plier le cadeau en deux et coudre selon le contour, enrouler en diagonale et faire un nœud, coudre le détail fini sur les pattes selon le dessin. Broder les yeux, le nez, la bouche et les pattes avec le fil gris (dessin).

Souris

- Dimension : hauteur 12 cm
- Fil : 100 % coton (1 pelote de 50 g 165 m) 30 g de laine blanche, des restes de laine rouge, rose et grise, 70 % polyester, 30 % métallique (1 pelote de 20 g 190 m) 20 g de laine dorée
- Crochet : 2,5 mm
- Niveau de difficulté : ☆ ☆ ☆
- Temps de réalisation : 5 heures

AVERTISSEMENT

N'UTILISEZ JAMAIS DE BOURRE POUR LES DOUDOUS QUE VOUS DESTINEZ AUX ENFANTS, SAUF SOUS LA FORME DE POCHES DE BOURRE FERMÉES, RÉALISÉES PAR DES PROFESSIONNELS ET RESPECTANT LES NORMES EN VIGUEUR SUR LA SÉCURITÉ DES JOUETS.

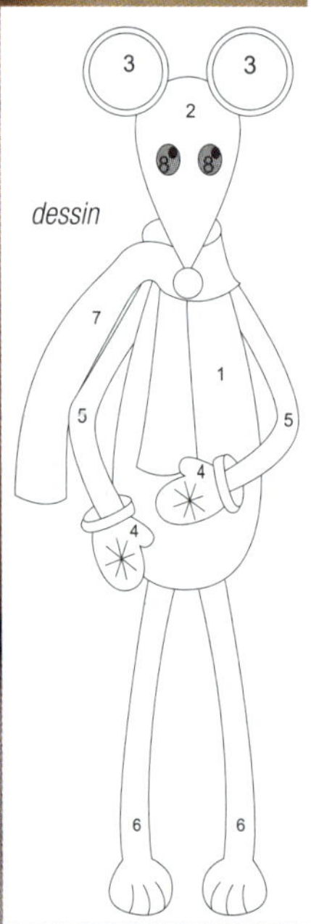

schéma 1

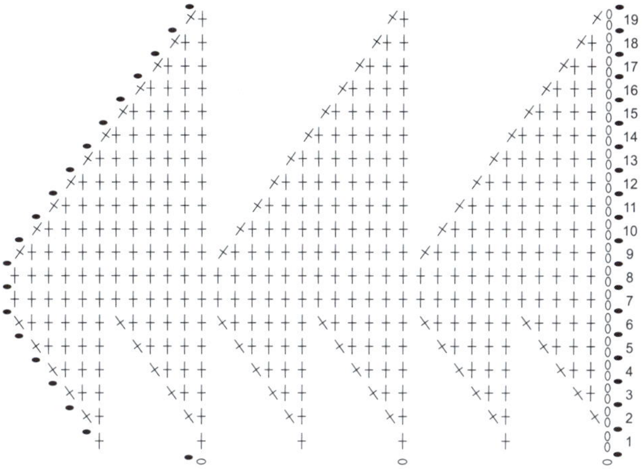

schéma 2

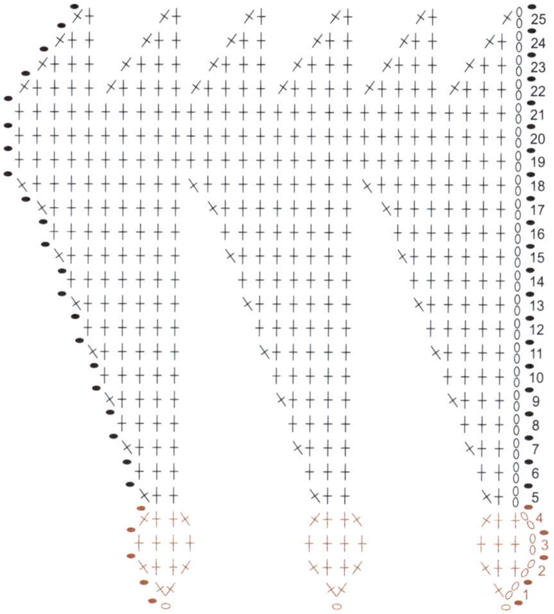

schéma 3

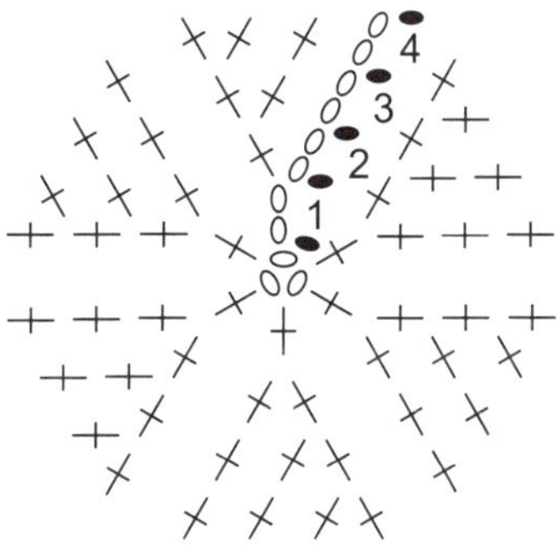

schéma 5

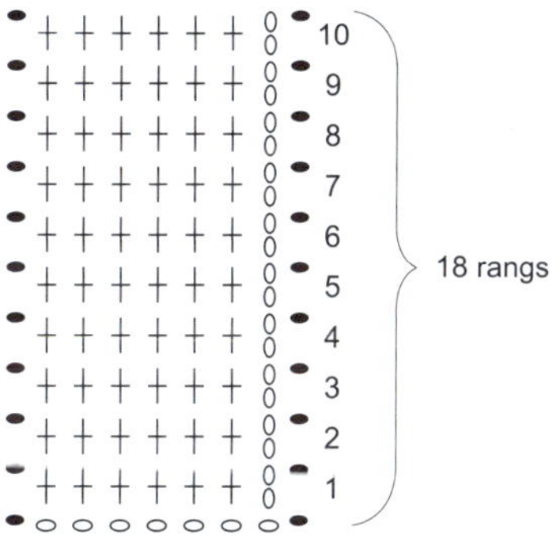

schéma 6

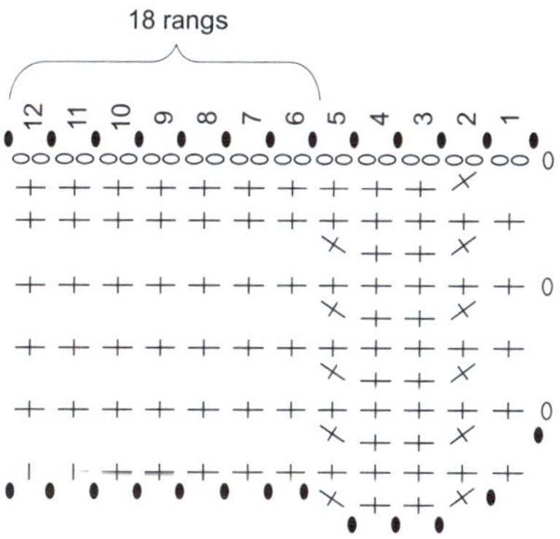

schéma 4

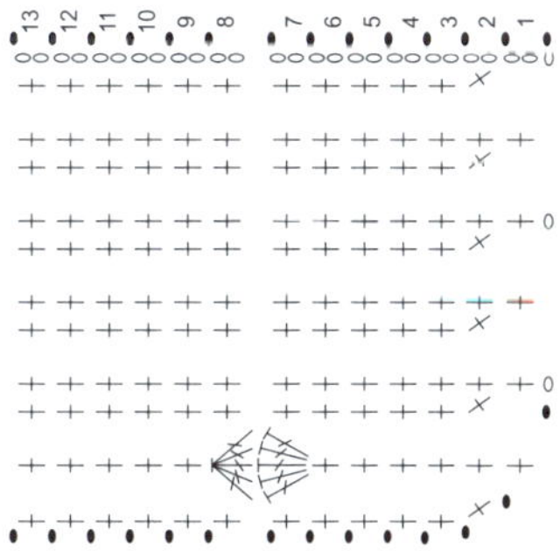

schéma 7

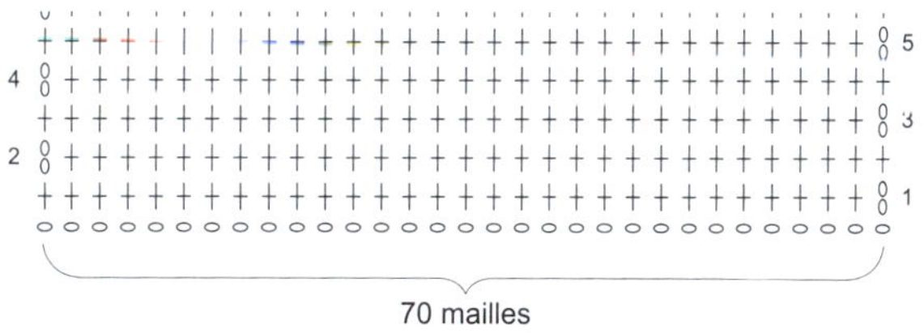

schéma 8

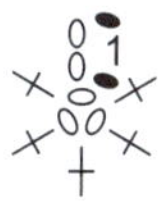

Crocheter en rond le corps selon le schéma 1. Crocheter en rond la tête selon le schéma 2. Crocheter en rond les oreilles (4 détails) selon le schéma 3. Crocheter les moufles selon le schéma 4. Crocheter les pattes avant (2 détails) selon le schéma 5. Crocheter en rond les pattes arrière (2 détails) selon le schéma 6. Crocheter l'écharpe selon le schéma 7. Crocheter les yeux (2 détails) selon le schéma 8. Crocheter la bordure de l'écharpe en mailles serrées avec le fil doré selon le contour, faire deux points de chaînette sur toute la longueur de l'écharpe. Assembler tous les détails selon le dessin. Broder les yeux avec le fil gris, les pattes arrière avec le fil rose. Broder les flocons de neige sur les moufles avec le fil doré (dessin).

Lapin en robe

dessin

- Dimensions : hauteur 14 cm
- Fils : 100 % coton (pelote de 50 g, 165 m), 20 g de fil beige, quelques longueurs de blanc, de bordeaux, de noir, de bleu azur et de vert
- Crochet : 2 mm
- Niveau de difficulté : ☆☆☆
- Temps de réalisation : 4 heures

AVERTISSEMENT

N'UTILISEZ JAMAIS DE BOURRE POUR LES DOUDOUS QUE VOUS DESTINEZ AUX ENFANTS, SAUF SOUS LA FORME DE POCHES DE BOURRE FERMÉES, RÉALISÉES PAR DES PROFESSIONNELS ET RESPECTANT LES NORMES EN VIGUEUR SUR LA SÉCURITÉ DES JOUETS.

Crocheter la partie principale (2 éléments) en suivant le schéma 1, réaliser une bordure de mailles serrées sur le pourtour de chaque élément. Crocheter la patte en suivant le schéma 2. Crocheter la queue en suivant le schéma 3. Crocheter le chapeau en rond en suivant le schéma 4. Coudre les éléments de la partie principale entre eux. Coudre tous les éléments sur la partie principale, comme indiqué sur le dessin. Avec quelques points de fils noir et blanc, dessiner le museau (dessin). Avec des fils vert et bordeaux, réaliser la broderie sur la robe, comme indiqué sur le dessin.

schéma 1

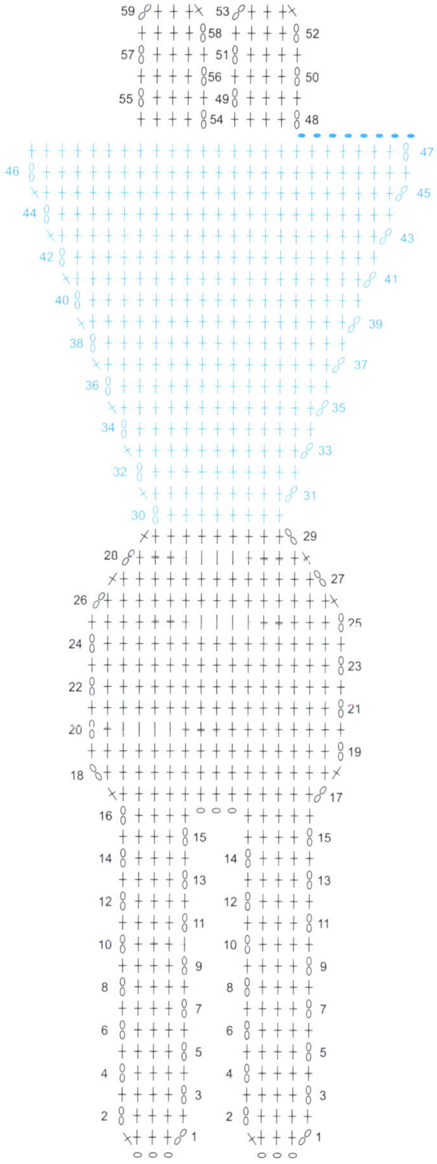

schéma 2

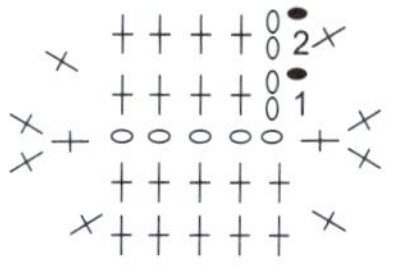

schéma 3

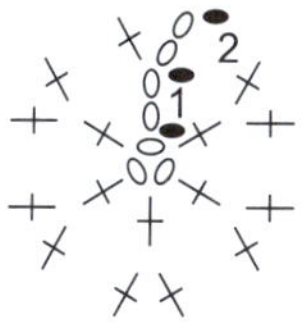

schéma 4

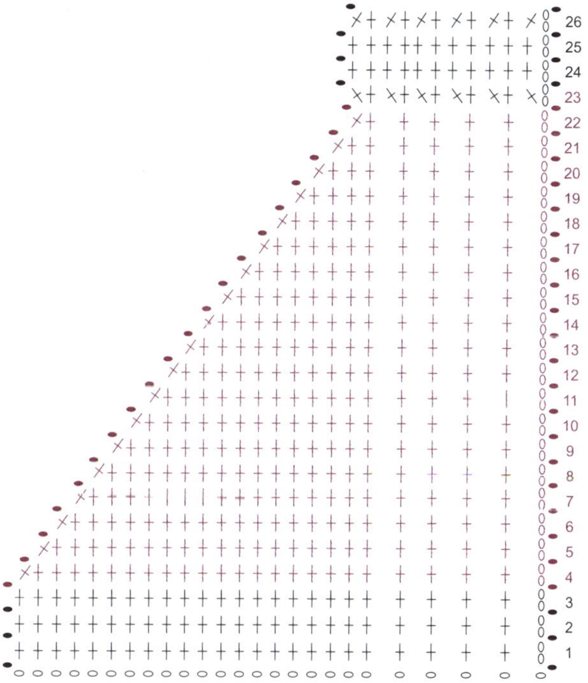

Mouton

dessin

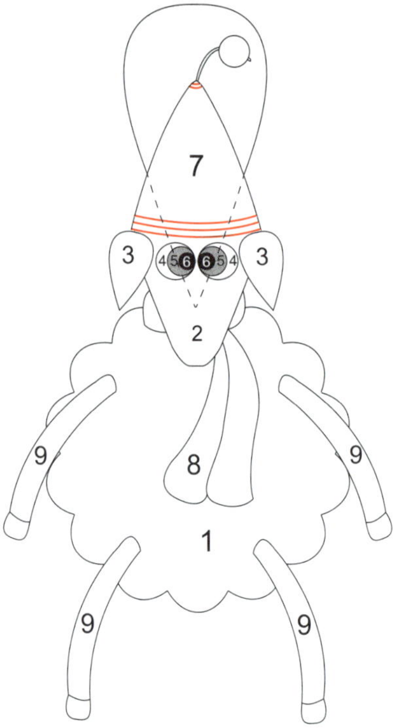

- Dimensions : hauteur 25 cm
- Fils : 100 % coton (pelote de 50 g, 165 m), 30 g de fil blanc, 20 g de gris, quelques longueurs de rouge,
  de vert, de noir et de beige
- Crochet : 2 mm
- Ajouter : une perle blanche, ronde, de 1,5 cm de diamètre, 4 grelots dorés ronds
- Niveau de difficulté : ☆☆☆
- Temps de réalisation : 5 heures

AVERTISSEMENT

N'UTILISEZ JAMAIS DE BOURRE POUR LES DOUDOUS QUE VOUS DESTINEZ AUX ENFANTS, SAUF SOUS LA FORME DE POCHES DE BOURRE FERMÉES, RÉALISÉES PAR DES PROFESSIONNELS ET RESPECTANT LES NORMES EN VIGUEUR SUR LA SÉCURITÉ DES JOUETS.

Crocheter le corps (2 éléments) en suivant le schéma 1, coudre les éléments entre eux, sur le pourtour. Crocheter la tête (2 éléments) en suivant le schéma 2, coudre les éléments entre eux, sur le pourtour. Crocheter les oreilles (2 éléments) en suivant le schéma 3. Crocheter les yeux en suivant les schémas 4, 5 et 6, en réalisant 2 éléments pour chaque schéma. Crocheter le chapeau en rond, en suivant le schéma 7, réaliser une bordure de points d'écrevisse avec du fil blanc, aux rangs 1, 3, 21, 22 et 23, en s'accrochant au brin avant des mailles. Crocheter l'écharpe en suivant le schéma 8. Crocheter les pattes (4 éléments) en rond, en suivant le schéma 9. Fixer un grelot au bout de chaque patte. Pour la boucle, monter une chaînette de 20 mailles en l'air, fixer ses extrémités sur la tête comme indiqué sur le dessin. Coudre tous les éléments entre eux, comme indiqué sur le dessin. Avec quelques points de fil blanc, dessiner les yeux.

schéma 1

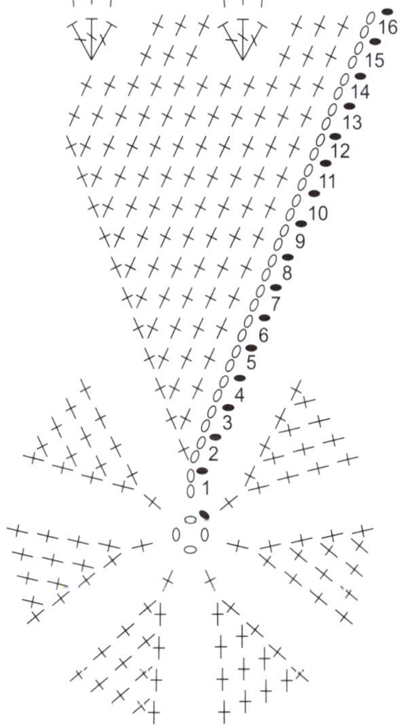

schéma 2

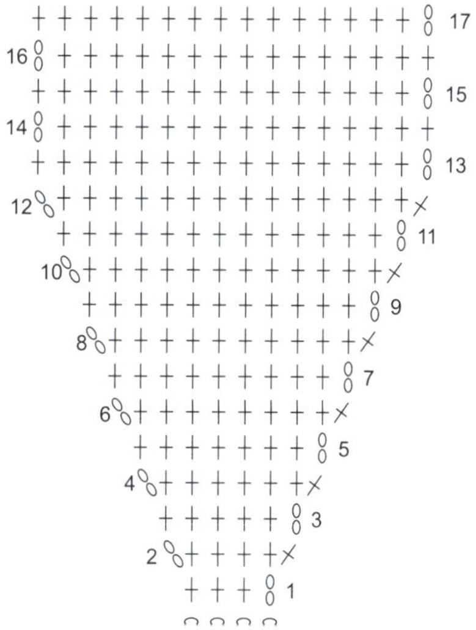

schéma 8

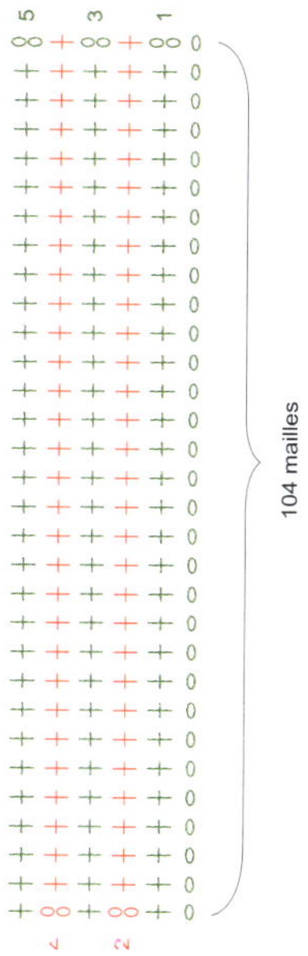

schéma 3

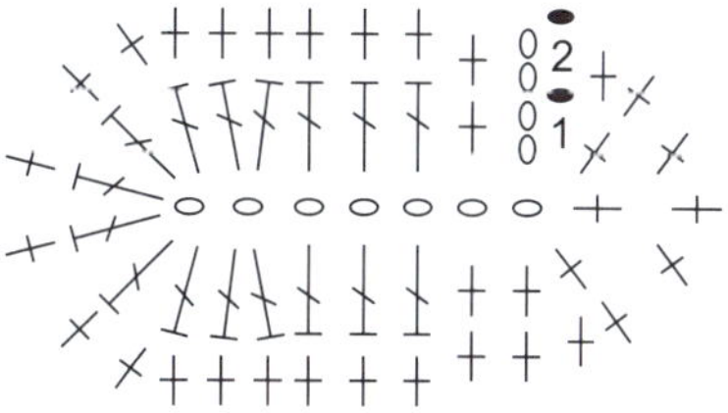

schéma 9

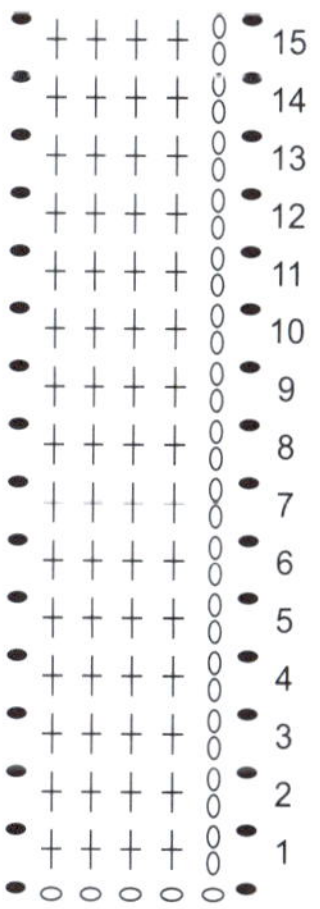

schéma 7

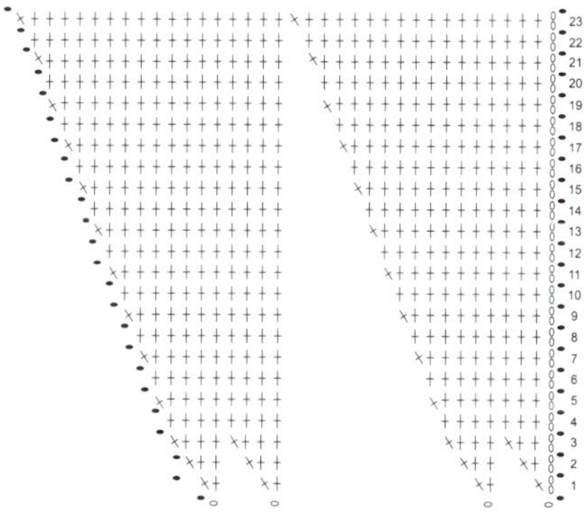

schéma 4

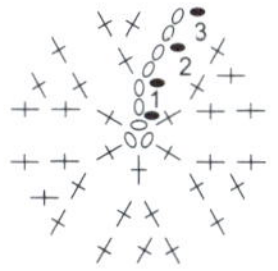

schéma 5

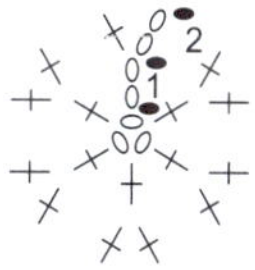

schéma 6

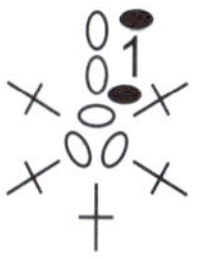

Conseils pratiques

La quantité de fil est indiquée dans la description de chaque modèle. Elle dépend également de sa qualité et de la manière de travailler: plus serré ou plus lâche. Avec le coton, il faut crocheter plus serré, avec la laine, il faut crocheter plus lâche. Ne pas passer directement de la laine au coton, et vice versa.

Il y a toujours une boucle sur le crochet. Faire attention qu'elle ne soit pas trop lâche, contrôler sa tension avec le majeur de la main droite. Quand on crochète une maille, cette boucle est la dernière à passer. Si elle est trop lâche, on ne pourra pas faire de belles mailles régulières, surtout quand on crochète en doubles brides, en triples brides, etc.

Il existe une règle très simple pour choisir le fil et le crochet: le fil doit passer librement sous la pointe du crochet sans s'enfoncer ni sortir.

Laver les vêtements crochetés à la main. Ne pas les frotter, mais les presser doucement pour éviter l'apparition de bouloches.

Avant de commencer à crocheter le modèle choisi avec le coton, laver l'échantillon crocheté à la température maximale indiquée pour le lavage de ce fil, car le coton rétrécit au lavage. Il faudra donc tenir compte du rétrécissement.

Les produits de lavage qui ne sont pas destinés à la laine contiennent des composants agressifs qui détruisent les fils. Avec un tel traitement, les ouvrages risquent de rétrécir, la laine peut boulocher et les fils de couleur claire devenir jaunâtres.

Pour amidonner un ouvrage, il faut l'étaler sur une surface horizontale et plane et le vaporiser avec une solution à base d'amidon. En voilà une recette: 2 petites cuillères d'amidon de pomme de terre pour 1 litre d'eau. Il est cependant beaucoup plus facile d'utiliser une solution en spray. Après le lavage, ne pas tordre les ouvrages crochetés mais les envelopper dans une serviette et les étaler.

Ne jamais utiliser de cintres pour suspendre les vêtements crochetés. Plier les vêtements et les mettre sur une étagère de rangement. Ne pas trop les serrer si l'on veut que le tissu garde son aspect duveteux.

Ne pas repasser les ouvrages avec des motifs en relief, car ils peuvent s'étendre ou s'aplatir.

Ne pas faire tremper les vêtements crochetés longtemps. Il vaut mieux le faire dans l'eau froide que dans l'eau chaude. Après le lavage à l'eau chaude, les ouvrages crochetés ont une tendance à rétrécir et à boulocher.

Pour le lavage, utiliser des produits sans alcalis ou qui en contiennent très peu. Laver les ouvrages crochetés dans l'eau froide ou dont la température ne dépasse pas 30 °C. Laver les ouvrages en laine à la main, les rincer plusieurs fois. Pour rafraîchir les couleurs, ajouter un peu de vinaigre d'alcool à l'eau de rinçage final.

Il est possible de laver un ouvrage en laine en machine si c'est indiqué sur l'étiquette de la laine. Pour ne pas abîmer les fils, mettre l'ouvrage dans un sac ou une taie d'oreiller.

Pour crocheter les vêtements d'hiver et d'automne, on utilise de la laine. Le coton est utilisé pour les vêtements d'été et de printemps.

Pour les cheveux de poupée, mesurer la longueur voulue, par exemple 15 cm. Couper le fil en morceaux de 30 à 33 cm de long. Marquer les endroits où doivent être accrochées les mèches de cheveux. Plier une mèche de 3 brins en deux. Piquer le crochet dans la maille marquée sur la tête de la poupée, attraper la mèche et la ramener à travers la maille pour faire une boucle. Ramener les brins à travers la boucle et faire un nœud. Accrocher de la même façon les autres mèches sur la tête de la poupée.

Pour introduire un second fil de couleur, changer de fil en bout de rang ou au milieu du rang en introduisant le nouveau fil lorsqu'il reste deux boucles sur le crochet. Tirer le nouveau fil à travers les deux boucles du crochet et continuer à crocheter avec le nouveau fil. Pour garder une surface « propre » à l'envers de l'ouvrage, il faut crocheter le fil qui n'est pas utilisé pendant le travail avec les mailles du rang précédent.

Introduire une nouvelle couleur de fil au début ou au milieu d'un rang n'est possible que si, sur le crochet, il reste encore 2 mailles de la couleur précédente. Il faut ramener le nouveau fil à travers les 2 mailles, puis continuer à crocheter avec la nouvelle couleur. Pour que le côté arrière de l'ouvrage soit « propre », crocheter le fil d'une partie que vous n'utilisez plus avec des mailles du rang précédent.

Nœud coulant

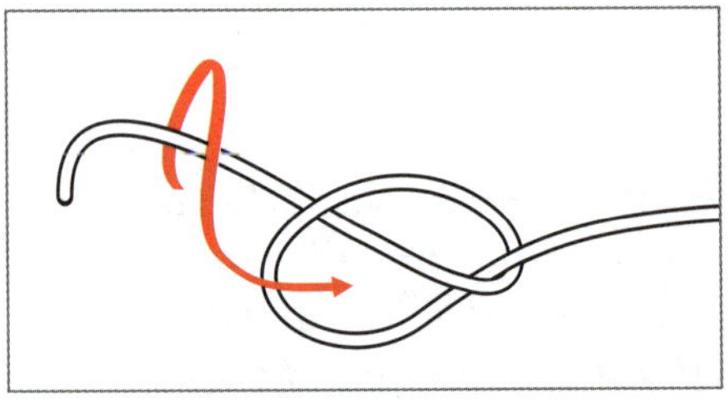

Chaînette de mailles en l'air

Faire un nœud coulant comme indiqué sur le dessin 1 (le fil de travail passe au-dessus de votre doigt). Ensuite, piquer le crochet à travers la boucle ainsi formée, attraper le fil de travail (dessin 2) et le serrer. Faire un jeté sur le crochet et tirer le fil à travers la boucle se trouvant sur le crochet.

Pour commencer, faire un nœud coulant comme indiqué sur le dessin 1 (le fil de travail passe au-dessus de votre doigt). Ensuite, piquer le crochet à travers la boucle ainsi formée, attraper le fil de travail (dessin 2) et le serrer. Faire un jeté sur le crochet et tirer le fil à travers la boucle se trouvant sur le crochet.

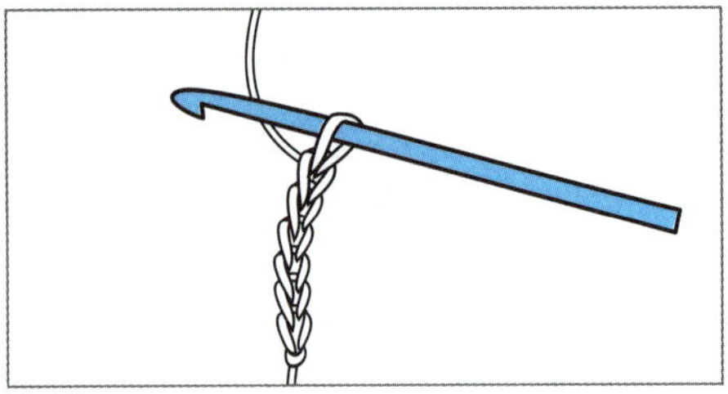

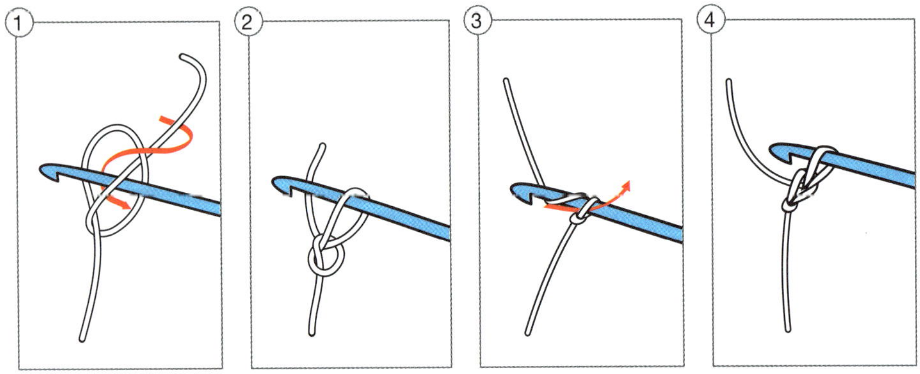

Maille coulée

Pour faire une maille coulée, il suffit de piquer le crochet dans la maille que l'on veut lier à la maille se trouvant sur le crochet. Faire un jeté et ramener le fil de travail à travers les deux boucles se trouvant sur le crochet. La maille coulée sert à fermer un cercle lorsqu'on crochète en rond, elle doit être faite à la fin de tous les rangs crochetés en rond.

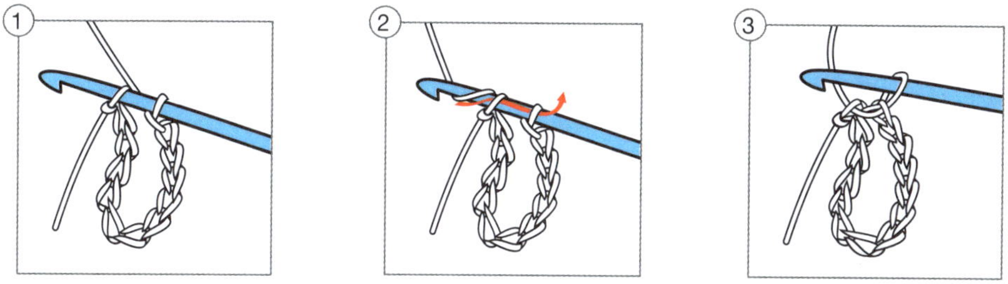

Mailles longues

Il existe deux méthodes pour réaliser des mailles longues ou effilées : à l'aide d'une règle ou avec les doigts. Dans le cas où l'on utilise une règle, il faut commencer par une maille en l'air puis la mettre sur la règle. Utiliser le pouce de la main droite pour garder la fin du fil à votre droite, sur la surface de la règle où l'on tricote les mailles.
Utiliser la main gauche pour entourer le fil relié à la pelote sur la règle de l'arrière vers l'avant. Attraper le fil à l'aide du crochet pour le ramener à travers la maille se trouvant sur la règle. Voilà la première longue maille. Toutes les mailles suivantes se réalisent de la même manière. Ensuite, pour fixer les mailles derrière l'ouvrage tout en les gardant sur la règle, commencer la face arrière de l'ouvrage par une maille en l'air afin de pouvoir remonter, puis continuer en crochetant une maille serrée dans chaque maille du rang précédent. Après avoir fixé toutes les mailles, les enlever de la règle. Deuxième méthode, à l'aide des doigts. Réaliser le premier rang par des brides simples en le finissant par une maille en l'air afin de pouvoir remonter. Deuxième rang : commencer par une maille serrée en tirant la boucle de 1 à 2 cm vers le haut.
Sortir le crochet de cette boucle, puis la pincer à l'aide de vos doigts de la main gauche et descendre celle-ci vers soi. Passer le crochet sous le fil arrière de la longue maille, à l'endroit où cette maille serrée a été faite. Réaliser un jeté sur le crochet et le ramener à travers cet endroit, ensuite faites encore un jeté sur le crochet et le ramener à travers les deux boucles restantes. Répéter jusqu'à la fin du rang. Troisième rang : les brides simples.

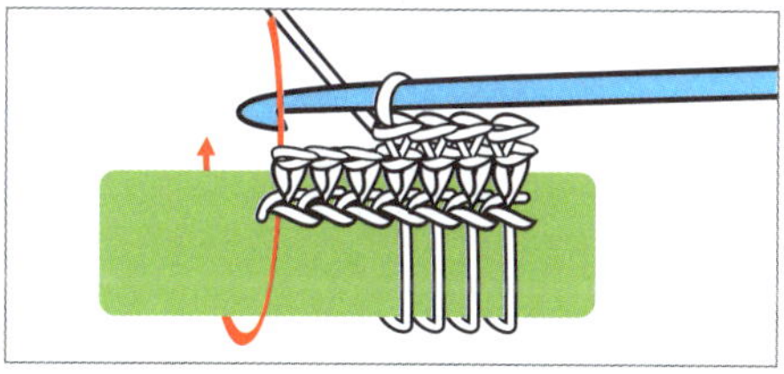

Petite maille serrée

La petite maille serrée est identique à la maille coulée mais elle sert à entourer les arceaux ou à crocheter les motifs représentés sur les schémas. Piquer le crochet dans une maille, faire un jeté et ramener le fil de travail à travers les deux boucles se trouvant sur le crochet.

1

1

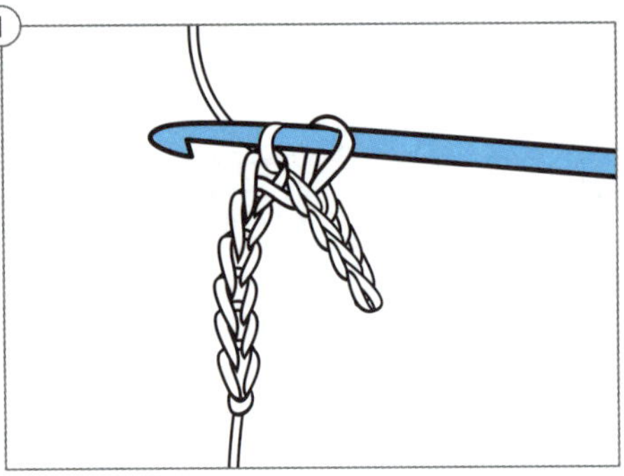

2

2

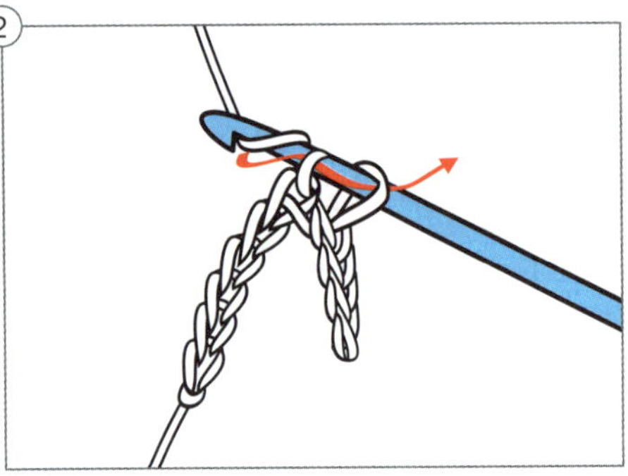

3

3

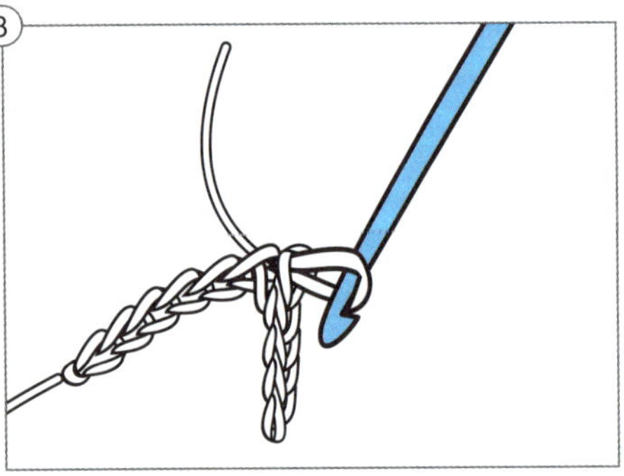

Maille serrée

Piquer le crochet dans une maille du rang précédent, faire un jeté et tirer le crochet et le fil de travail à travers la première boucle se trouvant sur le crochet. Faire un autre jeté et tirer le fil de travail à travers les deux boucles du crochet.

1

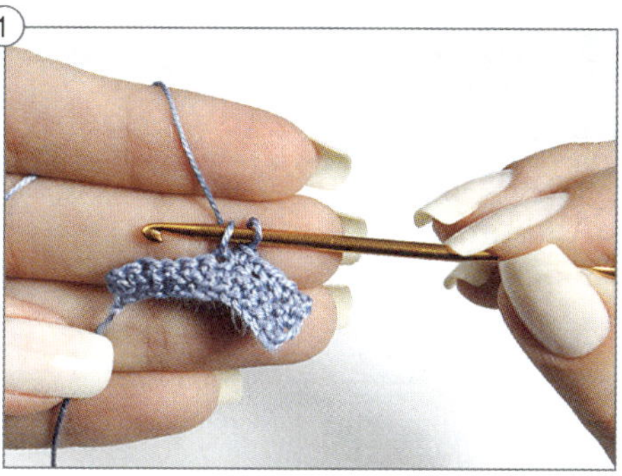

1

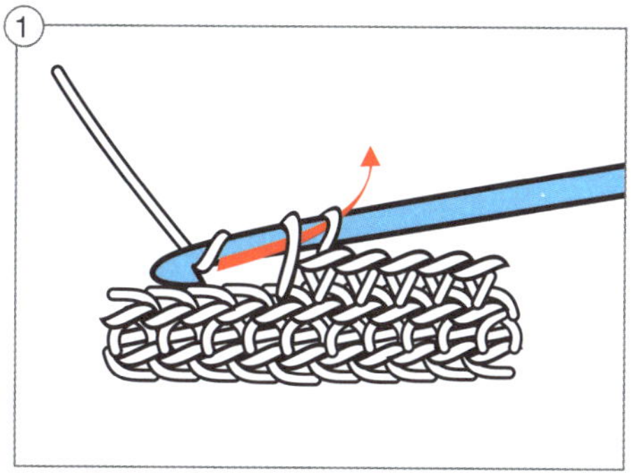

2

3

4

5

Couture

Pour assembler les éléments crochetés, vous pouvez utiliser les mailles serrées. Pour cela, il faut poser un élément sur l'autre et crocheter un rang de mailles serrées. Piquer le crochet sous les mailles du haut de deux éléments comme indiqué sur la photo 1, attraper le fil de travail et tirer une boucle. Faire un autre jeté et ramener le fil à travers les deux boucles du crochet. Répéter l'opération.

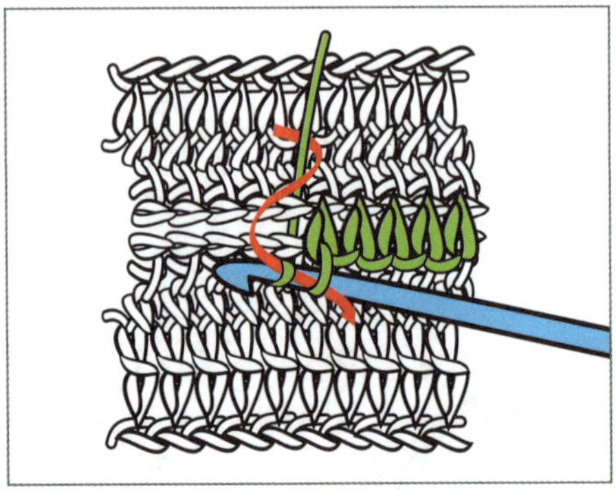

1

2

3

4

Comment lire les schémas

En règle générale, on lit les schémas rectangulaires du bas en haut et on crochète la chaînette de base dans le sens de gauche à droite (s'il n'y a pas de flèches qui indiquent un autre sens). Si on crochète en rond (ce qui doit être indiqué dans la description d'un modèle), on lit les schémas dans le même sens pour tous les rangs, à la différence des rangs en aller-retour. Quand on travaille avec les schémas d'ouvrages en rond, on doit commencer par le centre et crocheter vers les bords de l'ouvrage, on crochète les rangs dans le sens contraire à l'aiguille d'une montre. Parfois, on peut voir sur les schémas des flèches avec des chiffres. Pour ce type de schémas, il faut commencer par « 1 » ou « 0 » et continuer dans la direction des flèches, dans l'ordre ascendant. Les chiffres sans flèche indiquent les numéros des rangs, un chiffre au centre d'un schéma en rond indique le nombre de mailles en l'air dans la chaînette de base fermée en rond. Les parenthèses servent à marquer des répétitions, il faut donc répéter les points décrits entre parenthèses le nombre de fois indiqué.

Certaines parties de l'ouvrage, qu'il faut crocheter en un seul bloc, sont représentées sur deux schémas. Dans ce cas, la description précise par quel schéma il faut commencer. Pour passer d'un schéma à l'autre, il faut que le nombre de mailles soit le même. D'habitude, les schémas de ce type représentent le travail en rond. Si vous n'avez pas d'autres indications, il faut calculer le nombre de mailles.

Ainsi, par exemple, si le dernier rang d'un « tube » crocheté en rond selon le schéma rectangulaire contient 10 mailles et le schéma suivant commence par 20 mailles, il faut crocheter 2 mailles dans toutes les mailles du rang précédent.

Si le dernier rang du premier schéma a 20 mailles et le schéma suivant commence par le rang en rond de 30 mailles, il faut crocheter 2 mailles dans toutes les deuxièmes mailles du rang précédent.

Pour certains modèles de vêtements, qui doivent correspondre à votre taille, nous vous proposons de faire les patrons selon vos mesures. Pour ces modèles, il faut remplacer toutes les mesures indiquées dans les schémas par vos mesures personnelles. Avant de commencer à crocheter, déterminez la densité de mailles. Crochetez un échantillon de 10 x 10 cm et calculez le nombre de mailles pour 1 cm de l'ouvrage. Ensuite, calculez selon le schéma le nombre de mailles de la chaînette de départ, en ajoutant les mailles pour tourner.

Votre crochet doit être choisi en fonction de la largeur du fil. La description d'un modèle indique le fil et le crochet utilisés par le styliste pour la réalisation du modèle. Cela vous permet de réaliser un ouvrage de la même dimension.

Si vous voulez faire un ouvrage plus grand ou plus petit, il faut choisir le fil et le crochet plus larges ou plus fins. Dans l'idéal, la tête du crochet doit être trois fois plus large que le fil choisi.

Représentation des points de crochet

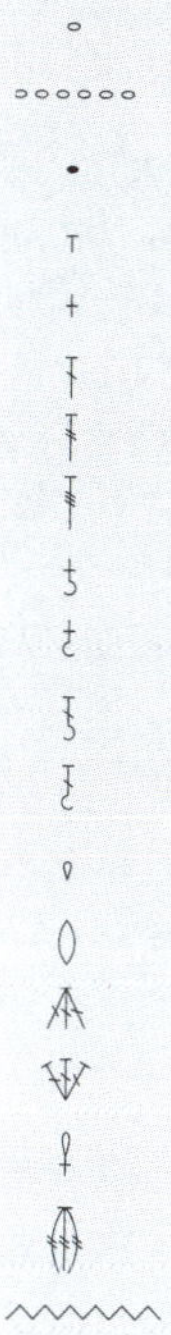

- Nœud coulant
- Chaînette de mailles en l'air
- Maille coulée
- Petite maille serrée
- Maille serrée
- Bride
- Double bride
- Triple bride
- Maille serrée en relief avant
- Maille serrée
- Bride en relief avant
- Bride en relief arrière
- Picot de 3 mailles
- Point soufflé : 3 brides coulées ensemble
- 3 brides ensemble
- 3 brides dans une maille
- Maille effilé (oblong)
- 3 Double bride dans une maille ensemble
- Couture

Niveau de difficulté :

★☆☆☆☆ – très facile
★★☆☆☆ – facile
★★★☆☆ – simple
★★★★☆ – difficile
★★★★★ – très difficile

Le temps de réalisation présenté pour chaque ouvrage comprend la durée de l'assemblage (si nécessaire). Ce temps est une durée approximative qui dépend tout d'abord de la vitesse de crochet. Nous indiquons le temps du travail sans interruption ; si le travail s'interrompt, le temps de la réalisation peut être significativement augmenté en conséquence.

EDITIONS ESI

100, rue Petit, 75019 Paris
Coordination éditoriale : Anastasiia Brozinska, assistée d'Alina Guz
Traduction : Raphaelle O'Brien, Isabel Chelkoff et Ekaterina Koulechova
Imprimé par FINIDR - Lipova cp. 1965 - 73701 Cesky Tesin - République Tchèque
Dépôt légal : janvier 2016 – Achevé d'imprimer : décembre 2015
ISBN : 978-2-8226-0504-5